U0153927

巷子口經濟學

臥底經濟學家
鍾文榮著

五南圖書出版公司 印行

推薦序

文榮老師跟我都是東海大學經濟系畢業，我大他幾屆。我們在臉書的系友群組結識，發現彼此都在母校兼課。當這位優秀的系友、學弟、同事，以及跨國暢銷書作家邀請我爲《巷子口經濟學》寫推薦序，我想這麼令人感到榮幸的邀約，當然是要萬分爽快地答應囉！

收到文稿，細細閱讀品味之後，我便爲其生動的文筆、幽默的論述，能將一門一般認爲是枯燥、不甚討喜的經濟學，在注入與大家日常生活中息息相關的元素之後，成爲精彩的散文而深深佩服不已。身爲一個學經濟的，我知道如果不是對這門社會科學有相當深刻的了解與領悟，是不可能這般揮灑自如的。我很慶幸自己當初應允要幫文榮兄寫序，在這個承諾下我仔細地看完這本暢銷書。除了有欲罷不能的驚喜外，最重要的是因此獲得珍貴的啟發。

回到自己畢業的母校任教，是我近來頗爲自豪的一件事。當我自認爲壓縮自己時間，每週往返臺中與臺北為學弟妹授課，純粹是為了對培育我的母校盡一份心力的同時，卻往往在課堂上看到臺下迷惘、求助的無辜眼神，學生們或乾脆低頭滑手機、甚至閉目養神。捫心自問，我到底是在回饋母校，還是「毀人不倦」？為何讓我自己很感動的犧牲奉獻與熱忱，竟然引發不起學生的興趣與對等回應呢？

最近有機會上了一個電視臺的財經節目通告，中場休息時，主持人提醒我不要刻意講那麼多專有名詞，否則收視觀眾不會產生共鳴。那時心裡一直想著，要怎樣才能將專有名詞日常化。拜讀了文榮兄的《巷子口經濟學》，不禁讚嘆這才是學生與觀眾所希望接收的經濟知識啊！經濟學本來俯拾即是，不過是為了解釋生活的種種決策動機，讓民眾在資源有限的情況下，做出最有利的選擇。

可以確認的是，受到《巷子口經濟學》啟發的我，下次如果還有機會上通告，絕對不會再說「當貿易障礙去除，可以讓消費者剩餘與生產者剩餘擴大，致使資源獲得最適化的配置，亦即極大經濟福利效果」這樣的話。因為當我看著電視播出字幕出現「經濟浮力效果」，除了覺得難為後製人員、慶幸自己發音問題不大外，我知道自己的這一段話幾乎沒有任何正面貢獻。

文榮兄從生活中，甚至愛情面向來看經濟學，激起讀者利用這門科學來了解人生種種不為人知一面的廣泛興趣。他自謙表示這本書的鋪陳流於戲謔，但是我覺得雅俗共賞、深入引發讀者共鳴是這本書成功的地方，甚至做出了古今中外多少經濟學家做不到的貢獻。

我自己將會成爲文榮兄的忠實讀者，期待繼續被他的文章啟發、極大化我的效用函數。也誠摯推薦這本書，從國中生到大學教授，都可以從這本書獲得意想不到的知識或靈感。

邱達生
臺灣經濟研究院研究員
東海大學經濟系兼任教授

五版 序

當出版社主編通知我《巷子口經濟學》須進行第五版的增修時，我才意會到，這本書從成書到現在，已經過了十五年。當年第一版首刷的高中讀者到現在，歲數上應該已經超過三十歲了。一本通俗的經濟學出版物，能夠在臺灣一直再版且再刷到現在，不曉得是不是一場奇蹟？

十年紀念版後，經濟上原以爲沒什麼大風大浪，只是沒料到二〇一九年末的新冠肺炎（Covid-19），一場如現代黑死病的疫情從中國開始，席捲至全球。根據統計，截至二〇二三年三月十日，全球已累計報告逾六・七六億例確診病例，其中逾六八八・一萬人死亡，死亡率約爲百分之二・〇九，是人類歷史上大規模流行病之一。最後，我也在疫情的末期確診，後遺症讓我在醫院的診間裡，用了近半年的時間進行疫後治療，免疫力的下降，血壓一度急速下降，昏厥也讓我一度差一點住進病房。

主編提醒，這一次再版增修，應該要記錄我對於疫情經濟的看法。但當我成文後，二〇二二年發生了全球性的通貨膨脹，加上二〇二三年的生成式AI橫空出世，這五年來光是發生這三件大事，還眞的得再加進這一版的內文中。

疫情在臺灣的發展，弔詭的防疫政策一度讓我在新聞評論上振筆批評，〈疫情經濟學〉這篇文章，我從「分配」的角度思考，政府的防疫資源，有必要用管制與分配的方式進行嗎？而事實上，最後的結果其實印證了我當初在新聞媒體評論上的看法，政府管制與分配，是爲了怕市場失靈，但市場並未失靈，而是政府失靈。

二〇二二年遭逢全球性通貨膨脹，當然，部分原因來自於政府對於疫情的財經政策後遺症，從美國開始的升息與貨幣緊縮，幾乎讓全球經濟全亂了套，也讓金融體系差一點面臨如二〇〇八年金融海嘯的過程。這次的通貨膨脹會延續多久？沒人說得準，但最怕落入如一九七〇年代的停滯性通膨，而我相信，這一版的書籍定價，還是會反映這波通貨膨脹。但這次的內文，也比以往更膨脹了許多。我把這次通貨膨脹的觀察，寫進〈通貨膨脹再現〉這篇中。

二〇二三年生成式AI橫空出世，未來會不會影響就業市場？我相信部分會有一定的影響，但如ChatGPT這類生成式AI一出現，我卻對知識市場開始擔憂，未來如我們這類的知識工作者，該如何面對這一場AI革命？如果AI像理性經濟人，決策的結果又會是如何？〈AI革命〉來了，把我對於AI與勞動經濟的看法，做了一次基本的分析。

這本書十五年來進行五次的改版與編修，幅度每次不一，每每都會陷入行爲經濟學中的「損失厭惡」與「稟賦效應」雙重影響。第五版也必須選擇將部分因時代演變而失去了時效性的文章刪除，正因爲年輕的讀者恐怕沒有經驗可以體會，所以，刪除了第四版的〈廣告的威力〉及〈MP3與唱片公司的戰爭〉這兩篇文章；同時，也因爲篇幅的關係，相當不捨的將〈愛情是不是一場交易〉、〈情人節的玫瑰花〉及〈男人，凡是美文你就追吧！〉這三篇也一併刪除了，我相信，有機會愛情經濟學的相關分析與論述可以獨立出書！

感謝各位讀者在過去十五年來的支持，我相信，應該還有二十年紀念版的出現。

鍾文榮

謹誌於二〇二三年十月一日

十年紀念版　序

《巷子口經濟學》十年了，已三版十三刷，我也沒料到這本書自出版以來，能有十年的光景，當出版社問我，這本書已經出版十年，有何打算？我才驚訝於時間怎麼這麼快，一轉眼，十年就這樣過去，我那兩個女兒也都從娃兒長大了，每天都被我這個經濟學老爸洗腦，不知道升上國中以後，怎麼和學校公民老師對話，我們家有一位在巷子口臥底的經濟學老爸。

當初這本書的出爐，得歸功於部落格，能夠將我的想法，透過網路的傳播，率先讓讀者產生共鳴與回應。回首十年前，剛寫完這本書時，當初沒沒無聞，沒有一家出版社願意出版這本非常另類的經濟學科普書，我相信理由千篇一律是經濟學本該是學院派，在巷子口的庶民經濟觀察，根本毫無「市場」可言。

但這十年來，科普經濟學在歐美和中國大陸如雨後春筍般出版，即使如諾貝爾經濟學獎的得主，也能夠把高深的經濟理論寫成一般的科普書，任何書只要掛上「經濟學」這三個字，似乎就變成暢銷書的指標，科普經濟學儼然變成一種趨勢。另外，國中和高中的公民課綱，加入了經濟學的內容，經濟學開始向下扎根到國中生，科普經濟學才在臺灣綻放出一點生機。然而，科普經濟學的內容，大部分還是仰賴翻譯書爲主，《巷子口經濟學》儼然是本土著作的代表作了。而未來，大學學測多了「國寫」作文，其中一篇要測驗學生對於知性寫作與論述分析的能力，我相信，這本書依然可以給學子很大的協助。

十年前，感謝五南圖書張毓芬副總編輯獨排眾議，冒險出版了這本書，最後，在五南五十週年出版的《出版職人——飛躍50迎向百年》的專書中，《巷子口經濟學》列爲五南圖書最具代表精選書之「最暢銷本土經濟學」。商管編輯室在文中這麼形容：「臺灣的經濟學科普書，幾乎都是翻譯書的天下，本書的出版算是扳回一城。不僅是近年來最暢銷的本土經濟學科普書，版權也輸出到中國大陸和韓國，連高中老師都指定爲暑期讀物，其趣味性與啟發性受到多方肯定。」

很多讀者朋友問我，經濟分析到底如何有趣與有用？

經濟分析之所以有趣，重點在於「臥底」這兩個字，傾聽來自於生活底層的聲音與訊息脈動，本著質疑的精神，抽絲剝繭般地把重點揭露出來，然後，提出問題——接下來會如何演變？如何影響？經濟學既然來自於人類的選擇行爲，最終的結果也必然是來自於人類的選擇，結果也必然在經濟分析的掌握之內。這就是我認爲「有用」與「有趣」的地方。

十年的時間改變了很多，十年紀念版也配合時勢的變化，再度進行增修，從這些增修的文章，讀者可以看見十年來局勢變化的過程。其中，我修改了六篇，新增四篇，刪除了已經不合時宜的五篇，改版的幅度在一半以上，這十年紀念版的修改幅度是歷年版次上最大的一次。

在〈愛情是不是一場交易？〉這篇中，我把原本的〈愛情的代價〉合併，另外，我針對一則麥當勞的廣告，分析短片中男主角愛情犯傻的行爲。讀者可能會認爲我過於冷血，但各位如果回頭想想，你一生當中，眞的是爲了愛情就一切都不顧嗎？數學上，男女彼此找到理想中的愛情機率，幾乎趨近於零，而新聞也曾經誇張報導，臺灣有些未婚女性的求偶基準，月薪要能夠超過七萬元。七萬元的行情是多少？以行政院主計總處「薪情平臺」的統計，大約介於第八及第九的十分位數區間內，至少有八成的受僱員工總薪資低於七萬元。再想想看，一個月七萬元待遇的男性，年紀大約幾歲？婚姻狀況？身邊又有多少未婚男士符合這個標準呢？

〈男人，凡是美女你就追吧！〉這一篇，我加入了《美麗境界》這部電影裡約翰．納許的把妹策略。最後，大家才發現，男人就是不肯合作，以致把妹策略失敗，但問題在於，最後美女為何總是被醜男追走？還不是太理性的結果？這證明，追到美女的人，絕對不是最理性的男人。

〈一杯咖啡的價格〉這一篇，加入了分析星巴克咖啡漲價後，鐵粉為何不變心，仍繼續消費的祕密，主要還是因為符號價值與內鎖忠誠所造成的效果，然後，分析如何在星巴克喝最便宜拿鐵咖啡的技巧。

〈觀光的危機〉這一篇，加入了後續因為陸客來臺縮減後，舉例屏東、花蓮與臺東三地飯店與民宿住用率與房價雙雙下降，導致觀光泡沫化的問題，其實，不是無法預見問題，而是我們視而不見所造成的結果。

〈誠實消費值多少錢？〉這一篇，因為後續幾則社會新聞討論誠實商店的經營模式，誤導為營利的方向，特別在這一篇文章的後面，加上我在媒體的說法：誠實商店其實賣的就是「人性」，同時，考驗的也是「人性」。

因為篇幅的限制，這一版〈排隊的現象觀察〉將過去的三篇獨立文章合併為一篇，並加入分析醫院掛號排隊與一蘭拉麵Fast Entry的排隊現象。

十年紀念版新增了以下四篇文章。

〈房價，豈是供需決定？〉主要評論這幾年臺灣房價飆漲亂象，但飆漲的房價根本不是市場決定的，而是受控在供給方；同樣的，房地產業也不是經濟的火車頭，大多時候根本是落後指標，而不是領先指標。

〈美麗的價格〉討論美麗是一種資本。這社會上有很多美女，美女的待遇也相對比其他女性高。《美麗有價》（*Beauty Pays*）這本書的作者丹尼爾．漢默許（Daniel S. Hamermesh）認為，美麗能為美女創造更高的收入，主要是因為企業願意支付更高薪水給能夠創造業績或是能提高同事幸福指數的美麗員工；易言之，愈有魅力的人愈容易成功。

〈法官大人，看電影為何不能攜帶外食啊？〉這篇文章非常有意思，主要是針對電影院禁帶外食這件事竟然涉及憲法層次的「自由」，以法官法律經濟的論點來逐條分析，論述選擇自由。

〈你的光不是我要的光〉以中國大陸廣州市針對光害這個議題打算徵收汙染稅，也就是外部成本內部化進行討論，到底城市的照明是效益還是成本，乃是值得討論的議題。

最後，感謝這十年來各界讀者的支持，希望「巷子口」的科普精神繼續在各個角落發酵。

期待第二個十年。

鍾文榮

謹誌於二〇一八年一月一日

二版　序

我相信每個人都有自利的傾向，這種自利的傾向其實也是經濟學的基本思考，這可以從我兩個女兒身上得到印證。

我設定她們兩個人每次買零食的預算是三十元，為了對兩個只有八歲和六歲的小女生解釋什麼是「預算」，我必須用她們可以接受的語言向她們解釋，也就是說我必須白話到「童言童語」的程度，大抵上她們才能夠聽得懂，她們這位經濟學老爸葫蘆裡到底賣什麼膏藥。經我想過幾回後，嘗試著和她們這麼說：

「所謂的預算，就是妳們可以買糖果或者是餅乾的錢，但是，妳們買的東西的價格必須小於或者是等於這筆錢，絕對不能超過，也無法超過。再來，妳們買的東西可以是一樣或者是好幾樣，這些加起來的錢也一樣不能超過三十元。」

「妳們花用預算的方法可以有以下幾種：買一樣東西，全部花掉三十元；買多樣東西，全部花掉三十元；買不到三十元，剩下的錢存起來；三十元全部存起來。」

想要小女生把預算存起來的可能性實在微乎其微，因爲三十元在她們手中，馬上就可以享受到買零食的快樂，這種快樂，我相信是一種幸福。

事後，老大選的是第三種方案，她的想法是三十元可以買多種零食組合，剩下的當零用錢，下次可以買較貴的零食，老大的行爲表現的就是經濟學講的「邊際消費傾向」、「邊際儲蓄傾向」及「跨期消費」。至於老二的行爲表現的就是極大效用與滿足，一次花完三十元，只選一樣零食，「邊際」對她而言，完全發揮不了效用。

另外，我也在老大身上看到一些有趣的經濟決策。

有一回，她們小學舉辦跳蚤市場，低年級的學生只能負責消費，我給她的預算是五十元，這時候已經不用再和她提什麼是預算了。回家之後，她向我報告戰果，我覺得她的戰果價值應該超過五十元才對，她說這是經過殺價之後的結果——有一樣對方出價二十五元，她議價到十元成交，讓她有物超所值的感覺。當然，我不用和她講對應某個數量，在需求線上的一點爲心目中願意且付得起的最高價格，線上的一點和成交價之間的價差代表「消費者剩餘」。我相信老大議價之後的滿足程度，應該來自於「消費者剩餘」。

我相信天生的自利行爲就是經濟行爲，但是自從經濟學被鎖在大學裡後，只能呈現在黑板前，經濟學總是失去那點親民的味道。六年前寫的《巷子口經濟學》其實是期望打破經濟學刻板的印象，能夠把經濟思維重新拉回到生活周遭裡。何其有幸地，第一版的成績是九刷，還遠征到韓國翻譯為韓文版，也到了中國大陸授權成簡體版，並在二〇一〇年獲福建省政府選為年度一百本推薦書之一，這讓我更深切相信，經濟學也該庶民、親民一點。

二版的《巷子口經濟學》稍微進行了增修，刪掉幾篇已經過了時效的文章，但針對書中幾篇文章進行了後續的追蹤，有種事前預言、事後驗證的感覺。

在〈愛情是不是一場交易？〉這篇文章中，很多讀者反應很兩極，但事實上愛情眞的是一種交易，事實上也可以驗證。我在後續追加了哥倫比亞大學經濟學家Pierre-André Chiappori所創造的一條數學公式，男性和女性都喜歡身材高瘦和有錢的伴侶，而不喜貧窮和肥胖，但是，在身價豐厚和肥胖之間，其實是可以補償的。他認為，男人可以用金錢進行補償，而女人可以用學歷來彌補。所以，愛情可以和脂肪交易，可不是嗎？

〈情人節的玫瑰花〉這篇文章，針對送禮的經濟效用問題，我整理了Joel Waldfogel和Dan Ariely的說法，這兩者各有其支持的理由，這也說明經濟學所支持的答案，不一定只有一個。

〈一杯咖啡的價格〉是一篇很有意思的文章，剛好在二〇一一年，臺灣發生了連鎖超商咖啡聯合漲價的新聞，但消費者聯合抵制的效果竟然有限，且超商的業績似乎不受影響。我分析的理由正是因爲消費者使用儲值卡消費，消費者僅在儲值的時候，才會感受到付費效果，而在儲值後每次消費的感受類似免費效果，因此產生了知覺扭曲。這種知覺扭曲換得的是忠誠消費，而忠誠消費的背後產生原因，就是消費者被「套牢」與「內鎖」，交換儲值消費後微薄的紅利點數罷了。

〈上廁所，你願意付錢嗎？〉則是一篇最有話題性的文章，第一版時，臺灣即將立法通過公共廁所男女廁位的比例，事後也確實立法通過。第二版花了較大的篇幅分析各國男女廁位比例的法令，以及公廁是否應該收費的問題，廁所的經濟問題眞是大哉問。而在二版付印前，立法委員又提議公共廁所蹲式與坐式馬桶的比例也應該立法規定。看來，廁所經濟學不只經濟學家關心，政治人物關心廁所政治學的程度，甚至還超過經濟學家。

〈觀光的危機〉這一篇其實是則新聞事件，事後也的確驗證第一版的預言，說明國道六號通車後，日月潭和清境農場的危機已經浮現，但問題在於，即使現在已知結果，也無法改變當初了。

二版付印在即，臨時再改寫兩篇文章。

五月中，去了一趟楓樹社區，理事長江鳳英老師抱怨誠實商店恐被媒體誤導，以爲虧損連連，而且大家只願意當個觀光客，卻不消費了。〈誠實消費值多少錢？〉談到的誠實商店，在媒體與政治人物蜂擁而至後，儼然已經變成一個觀光點。誠實商店所要訴諸的社區參與和公民實踐的精神，反而因爲媒體著重在報導盈虧之後，誤導了大家思維的方向。其實，誠實商店所販售的不僅僅是「商品」而已，而是在透過消費的過程中，體驗「誠實付費」這項公民參與的經驗。很多人以爲按照標價，誠實地付費即是誠實消費，但卻沒有去思考一件事，就是誠實商店所提供的「誠實消費」這個經驗，到底價值多少？而又願意爲這個難得的經驗，付出多少錢？

另外，經濟部在二〇一二年四月一日取消油價緩漲機制，加上電價也要漲價，油電雙漲起跑之後，臺灣的物價似乎從蠢蠢欲動到幾近崩盤，而且，這一次的油電雙漲，極有可能引發一連串的物價調漲，但政府與民間的感受不同，引發了極大的民怨。在價格機能下，政府最好不要干預物價，但也不是千篇一律說物價的波動都是價格機能。於是乎，二版在內文中臨時再添加了一篇〈物價有感，薪資成長無感〉，這是一篇全新的文章，也是本書中一篇較偏向總體經濟的文章，探討了薪資與物價（包含大宗物價），以及個體經濟學中所談到的「價格轉嫁」效果。

《巷子口經濟學》進入二版，感謝各方讀者對第一版的支持與批評指教，讀者的反應大多是正面。也感謝臺北市中山女中公民科教師以及諸多大學通識課程教授大力支持本書，書中的內容雖然與學院派經濟學有點距離，但我仍相信，這是經濟學的另一種面貌。也有讀者反映說，內容太過於粗淺，看不出深度，其實，這本來就不是一本教科書，只是在引導讀者的經濟思維，所以毋須用教科書的框架來限制讀者的思維方向。我也看過讀者寫的讀後感言，說這本書是「胡說八道」，顛覆了學院經濟學，但我細看了他的留言之後，只能感嘆大學生空讀了、死背了這麼多的理論，卻連最基本的思辨能力都缺乏。

有學界教授反映說，何時才會出現一本《巷子口經濟學》（總體經濟版）？這又是另一項挑戰了。

鍾文榮

謹誌於二〇一二年五月二十五日

一版序

朋友問我爲何對經濟學情有獨鍾？這個問題眞的很難回答，也許是一見鍾情，但多少有點相見恨晚的感覺。更有可能是我資質駑鈍，只好多讀、多寫、多看一點，以補過去所學的不足。

但是寫文章，突然變成是一種興趣。

從開始寫書以後，有一種欲罷不能的感覺，這種感覺就是下筆不能自休，但又無法像蘇軾一樣，寫到如「萬斛泉源，不擇地皆可出」，卻又能「行於所當行，止於不可不只」的境界。蘇軾這些話的意思是說，文章要自由地表達作家對生活的眞實感受，擺脫種種形式的束縛，但該簡約的地方還是得惜墨如金，該鋪陳的地方就該大筆揮灑。但看看自己寫的文章，恐怕只能做到表達經濟學對生活的眞實感受而已，至於後者，尙待時間加以磨練了。

寫經濟學的書，難度眞的很高，我對自己的期許是要有生活的廣度，又要有理論的深度，這下可好，又深又廣的文章，不是容易流於形式，就是變成教科書，但這兩者我都盡量避免，一來失去了深度，二來也囿於學術的窠臼。

經濟學過去給人的刻板印象都是一些數據與圖表，但也不能怪一般人對這門學問有如此僵固的印象，即使是我，涉獵多年以來，從學校到職場，所見所聞，從教科書到雜誌，幾乎被圖表與數字所淹沒。

這讓我想到一個問題，就是經濟學在數據與圖表之外的面貌如何呢？當經濟學不再講國家政治問題，而是講我們家門口外面的事情呢？

這是什麼樣的一種風貌？這個假設性問題，我問過很多人，不管是家人還是親戚朋友，或者是學校的大學生和同事，都希望經濟學能扮演解決生活問題的角色，而不只是高不可攀的數字與圖表。

生活中的食衣住行，柴米油鹽醬醋茶等，這些都是經濟問題，都是發生在生活周圍，在家裡的大門內和大門外的問題而已，和政治、和如何經世濟民，都十分遙遠。但這不是說經濟學和政治、國計民生以及如何經世濟民無關，只是說我們平常老百姓無力關心到這麼遙遠的事情。

那麼，從關心巷子口的生活開始，我發現，這是一種需求。

這本書從三個面向來看經濟學，一個是愛情，一個是生活，另一個是購物。雖然說巷子口的生活是很微觀的，但我卻覺得很宏觀，可深可廣，可遠可近。凡是一個人，大概不脫會經歷愛情、生活與購物這三種過程，在這本書內文鋪陳的比例上，生活觀和購物觀會多一些，當然這和每個人的生活經驗比例有關，但關於愛情，卻是不得不提，但提多了，邊際效用就會低很多。內文提了四則愛情觀的分析，可以讓邊際效用達到最高，就有如蘇軾說的「止於不可不只」的境界，就該適時點到為止。

但我不得不承認，我主觀認為，本書一開始下筆的經濟學愛情觀，是本書的經典之作。我試圖在部落格中探詢這方面的意見，沒料到光是幾篇語不驚人死不休的題目，閱覽人數與回應人數就已經超乎想像之外。原來，愛情與經濟學似乎很容易迸出火花，原因無他，大家都想了解愛情當中不為人知的一面。

這本書的鋪陳，多少有點戲謔的手法，但是不影響經濟學的價值。

最後，由衷的感謝這段時間家人的支持，還有諸多好朋友與部落格讀者以及出版公司的支持，才能讓這本書問世，在此一併感謝。

鍾文榮

謹誌於二〇〇七年六月十四日

讀者迴響

《巷子口經濟學》自二〇〇八年出版以來，剛好屆滿十年，期間歷經三次改版（包含一次大幅增修），總計十三刷，感謝這十年來各方讀者的指教。

這篇讀者迴響收錄一些網路上公開的讀者心得，當然，心得不只這些，大部分的心得是高中生以小論文（有幾篇甚至得獎）的方式發表，我稍微選了幾則摘要，並把我的感想寫下來：

臺大博士生張于傑提到：「《巷子口經濟學》採用生動活潑的對話情境，使讀者獲取與生活密切相關的知識，是本值得一看的經濟類書籍。」他甚至在他的部落格以天蠍浪子和他自己的對話，分析經濟學與社會學的共通之處。張于傑這十年來，一直是我的忠實讀者。

其實，經濟學和社會學都是社會科學的一環，看似不相干的兩門學問，彼此之間仍有一些交集之處。譬如說，我在二〇一四年發行的《拜拜經濟學》就是用經濟學探討臺灣及中國大陸宗教信仰中的經濟行爲，本質上就受當年在大學時期的東海大學社會系張華葆教授的影響甚多。

生鮮時書創辦人劉俊佑在網站中提到：「讀《巷子口經濟學》前，我對買彩券的心態跟大眾一樣，抱持著做公益還有機會好心有好報的功利想法，從沒想過彩券原來還有這一層內幕。我想，許多我們根深柢固的觀念，在經濟學家眼中根本漏洞百出，這不僅是經濟學者跟一般人的差別，更是早已熟稔經濟學思維的聰明人看世界的獨特視角。將經濟學思維運用在生活中，在海量的資訊中發現常人的思考誤區，進行觀念升級，我想是身處大數據時代的我們，應該要主動學習的一種超能力！」

亞當．史密斯（Adam Smith）在其《國富論》中提到公平彩券，就是把賭金在贏家與輸家之間分配，當然實務上並不會有公平彩券，因爲只要是公平彩券，發行單位與管理單位根本就無利可圖。既然樂透彩券不公平，但爲什麼還有這麼多人簽注、包牌和算號呢？不理性啊！還記得嗎？政府單位和發行單位一直強調「買樂透做公益」、「多買中獎機會愈高」，就是在傳輸一種「本夢比」的訊息：「看到沒，只消花個五十元、一百元，就可以有機會當個億萬富翁！」但實際上彩券根本不是公平彩券，買愈多當然虧愈多，如果要做善事，直接捐五十元或一百元，還可以免去中間的剝削，不是更好嗎？

一位匿名的讀者提到：「常見的經濟學相關的書籍，內容深奧難懂，喜歡引用專有名詞，套一些數學公式。《巷子口經濟學》的內容比較淺顯易懂，作者主張經世致用，書中引用在臺灣發生的實際情況爲例子探討經濟學。經濟學不是數學，若是把經濟學當數學研究，必定會鬧笑話。經濟學要能夠經世致用很不簡單，要與心理學及社會學完美結合，經濟學家常推導出錯誤的結果，然而社會的運作又不能離開經濟學。」

我曾經用《論語．爲政》中，孔子說的一段話「學而不思則罔，思而不學則殆」來告誡我那兩個女兒。學習是全面的，但只要學到一項道理、知識或者是理論，就要去探討當中的道理，最好還能用在生活當中。所以孔子認爲若學習不重視思考其中的道理，自己就會茫然無所得，甚至產生誤解。反之，若只注重思考，而不學習前人的典籍模範，就容易產生疑惑而無法肯定力行。所以，經濟學的訓練必須同時注重雙向的「學習」與「思考」，更重要的還要「力行」，能夠把理論用得出來。經濟學既然是社會科學，是一門研究人類如何選擇的科學，照理就得在日常生活中用得到，若說經濟學是一門「經世濟民」之學，這帽子就戴得有點高了，更有可能的是錯用經濟學（應該是用經濟學當包裝），而導致經濟災難。

《巷子口經濟學》也被幾所公私立大學的通識課程列爲教材，同時幾所知名的高中、職列為高三公民課的教材（沒辦法，學測和指考要考經濟學），在「三魚」網站中，有幾位高中生的心得挺有趣的。

1.名詞很重要。我相信這是拿這本書當考試參考書的基本方法。

2.愛情的經濟分析是一種交易關係，很新鮮。這也反映出時下青春期女生對於愛情的嚮往，希望我的冷血分析不會太過於刺激她們。

3.經濟學都在我們的生活周遭，甚至一件小事都可以和經濟學息息相關，而經濟學並非如數學那樣困難，原來經濟學可以生活化，不但吸收到新知識，更能對每一件事擁有更多不同的想法。我相信這位學生已經建立對經濟學的基本認識，也許有機會可以在大學選讀經濟學。

大部分的高中職學生普遍對於經濟學是相當迷惑，甚至是害怕的，或者等同於數學這般的恐懼。我不清楚現階段的高中職公民教師如何教授經濟學這門課，畢竟，在有限時間內，要求高三學生把濃縮自大學「經濟學原理」的公民經濟，要他們搞清楚還得有想法，且能夠分析出當今的經濟時勢，甚至還要寫出小論文，這壓力也許太大了點。所幸，大部分學生的讀後感想都是「原來經濟學這麼簡單有趣」、「原來經濟學就在生活中」，我就感到欣慰了。

《巷子口經濟學》十年了，期許還有下一個十年，能讓這本書繼續地影響下去。

目次

第二篇：經濟學的生活觀　77

怡克納米斯的出現

怡克納米斯何許人也

怡克納米斯是何許人也？我不是很有把握能夠說出所以然來，但至少我很有把握說，他是我的好朋友，一個良師和益友。

這小子（請原諒我這麼稱呼他）腦袋裡裝的東西和講出來的話實在很不討喜，不是因爲他腦袋迂腐和口臭的關係（他腦袋不迂腐，嘴巴也沒口臭），而是因爲這小子老把事情看得太透徹、太明朗、太條理和滿口的邏輯，總讓人覺得這小子既學究又很憂鬱。

怡克納米斯主修的是經濟學，這大概是他憂鬱的原因，我常笑他憂鬱的科學產生憂鬱的怡克納米斯，但他反譏我說，就是因爲這世界上的事實太不透徹，難道看清事實也叫憂鬱嗎？我實在無言以對，我和他說話總是自討沒趣，每每碰了一鼻子灰回來。我知道，同他鬥嘴理論，鐵定憂鬱的是我，絕對不是他。

我可以說是他的粉絲，他寫的很多文章我都盡可能的忠實讀過，偶爾因爲觀點的不同，彼此總會鬧點小意見，但是，我很快地就會被他說服了。我常說他講的是歪理，但又歪之有理（這樣的說法在邏輯上是不對的），但我每當被他醍醐灌頂之後，會慢慢地發現，我也有一些經濟學的智慧了，關於這點，還得好好感謝他才對。

經濟學可以賺錢嗎？

有一天，一位年紀輕輕的高一女生在怡克納米斯的部落格上留言，說她非常喜歡經濟學，認爲念經濟學是一種可以「賺錢」的方法，但是又怕被同學笑，問他有沒有一種方式與捷徑可以學好經濟學呢？

這件事讓我覺得非常有趣，經濟學什麼時候變成是一門可以幫助「賺錢」的學問，這我可一點都不知道，可能是我見識過於淺薄所致。小女生才高一就開始看經濟學，我認爲她大概是「有看沒有懂」，至於，她看的是哪一本經濟學，裡面竟然提到可以致富，這我得好好向她請教一下，正因爲大學教授和怡克納米斯可都沒教我怎麼賺大錢，難不成他們都藏私不授嗎？

經濟學要是可以致富的話，大概我口袋裡也不會空空如也，還得寫書賺版稅，大學裡的經濟學教授大概都改行去了，而且，他們一定不會教我們所謂的「致富之道」。

所以，我根本不太相信經濟學有什麼神祕的「致富之道」，而且我相信怡克納米斯一定也同意我的看法。

誰是「火星人」？

我問怡克納米斯這個問題，經濟學是不是很了不起呢？

他的回答讓我差點狂笑不只。

他說：「經濟學嘛，很多人都認爲這門學問相當了不起，至於這了不起的原因，我想大概有兩種，一則是因爲有諾貝爾經濟學獎的緣故，反正得獎內容，常人又有幾個能懂；一則是這些經濟學家講的內容和寫的書，眞是高深莫測，很難能夠讓人一窺堂奧吧，所以有經濟學家稱自己是火星人[1]，講火星話，寫的是火星文，所以看起來眞是了不起。」我眞是佩服到五體投地，他的認知與見解，眞的是超乎常人。

說到火星人這件事，倒是讓我想起經濟學家薩默爾遜（Paul Anthony Samuelson）在他的《經濟學》（十四版）中引用了無名氏的一句話：「你可以使一隻鸚鵡成為經濟學家，但前提是必須讓牠明白『供給』和『需求』。」

看起來怡克納米斯既不是火星人，也不是一隻鸚鵡！

他又說了：「至於我，當然不是火星人也不是薩默爾遜講的那隻鸚鵡，所以我稱不上是經濟學家，至於這經濟學家的頭銜可不能隨便亂用，因為到現在為止，我還沒有打算要移民火星和變成一隻鸚鵡呢！」

我一直很訝異，他怎麼會選上經濟學這條路呢？下面這幾段是怡克納米斯告訴我的故事。我只見到他露出詭異的笑容，這讓我感覺到我即將面臨一場心靈上的震撼，或者，他準備讓我再度對他五體投地。

錯誤的開始

他說了：「我和你打賭一塊錢，念經濟學，一開始是一種錯誤！」

他的錯誤，是從當年的聯考開始的……

怡克納米斯說了：「大學聯考放榜後考進經濟系時，基本上應該是誤打誤撞造成的，剛好那年大學聯考英文成績簡直是爛到接近零分，至於個位數那幾分，我認為也是誤打誤撞猜到的分數，而正愁說不知該塡哪一個志願時，正巧發現經濟系可以不用太計較英文分數（應該是不計較），於是乎就順理成章的考進經濟系。」

我想，這就是他所說的「錯誤的開始」。

「在這之前，我壓根兒也不知道經濟系到底在學什麼，更不知道『經濟』這兩個字到底是什麼意思，只知道我們有個經濟部長而已。」怡克納米斯說道。

說到這裡，我已經大笑三聲了，原來一開始，我和他的程度與智慧竟然是不相上下，對經濟學的最初認知，都只知道一個經濟部長而已，而且連經濟部長叫什麼名字都說不上來。

邊際學生的出現

「至於爲何選經濟系，除了英文成績的影響，另外一個原因就是我經常聽到『邊際』這兩個字。我始終不懂爲何報章雜誌和新聞老是冒出這個看起來很專業的名詞。那時候，我只知道『邊際』這兩個字是經濟術語，至於『邊際』的意思是什麼，以當初我的知識水準來看，當然是不懂了。直到我進經濟系的大門之後，才知道所謂的『邊際』和『邊緣』根本沒有關係，在經濟變數中，所增加的一單位或減少的一單位，研究這種影響的問題，就是『邊際分析』。我就曾經想過，我誤打誤撞考進來，會不會就是那位『邊際學生』（多出來的那一個）啊？」

聽了他這段語重心長的談話，我竟然發現，原來我也是他口中講的「邊際學生」——多出來的，大學當了四年邊際學生，成績零零落落，原來我也是不該存在的啊！

他又說了：「說實在話，直到我進了經濟系這個大門，我才知道爲何有人在漫畫上說『經濟系，一入此門，後悔莫及』這類調侃的話，我也才發現這裡簡直是數學系和統計系的綜合體。原因無他，在經濟系沒把數學、微積分和統計搞清楚的話，大概這四年就別想混了。直到最近讀到李維特（Steven D. Levitt）所寫的《蘋果橘子經濟學》時，我才心有戚戚焉，原來李維特對「X」上面那一小撇也有莫名的恐懼。這正驗證了經濟學家克魯曼（Paul Krugman）自我調侃的笑話：『成功的經濟學家，上輩子必是個數學家；失敗的經濟學家，上輩子則是個社會學家。』至於我還沒選擇想當個經濟學家，所以呢，成功的機會多了一點，失敗的機會也少了一點。」

我這個好朋友怡克納米斯，很少聽到他講過去的事，經他這麼一提，我眞的是冷汗直流，心想，我好歹和他一樣也是經濟系畢業的，我怎麼連李維特和克魯曼都不認識啊？不過呢，至少我贏了他和李維特一點，就是X那一撇是在右上方，叫做「一次微分」，或者叫做「一次導函數」，光以這點看起來，我就有點得意了。然而，仔細想想，只會一次微分有什麼好得意的呢？

對經濟學的誤解

經濟學與數學

數學對經濟學眞的很重要嗎？有一件事可以印證，一九九〇年有兩位經濟學家曾調查六所著名大學（哈佛、麻省理工、史丹佛、芝加哥、耶魯、哥倫比亞）的經濟學博士生，問這些未來的經濟學家，哪些學科的背景知識對經濟研究很重要？結果這些經濟學的準博士，竟然超過七成（百分之七十三）都認爲數學重要，但認爲社會學及哲學重要的，卻不到一半。

原來，數學眞的很重要，看來怡克納米斯選擇不當經濟學家是一項「理性」的選擇，但不當經濟學家，不代表不能寫經濟學的書、不能講經濟學，這點，他倒是有那一絲的堅持。

他笑說：「經濟學家自我調侃和上述的故事，在大學裡授課的教授不會講，可能也會絕口不提吧！因爲，這可能損及這些大學新鮮人稚嫩的心靈，也會危及經濟系教授的飯碗！」

很多人一定認爲念了大學四年經濟系不知在念什麼？說實在話，我也心有戚戚焉。這大學四年就帶著莫名的戒愼恐懼畢了業，這四年來，我大概只知道念了一堆和數學有關的學分，至於這些學分能讓我得到什麼樣的工作上和生活上的幫助，那簡直是壓根兒不知啊！這些幾乎已經可以背到朗朗上口的專有名詞，出了校門根本沒人會理會或者是聽得懂我在講什麼。

寇斯（Ronald Coase）討厭數學，從不使用方程式和經濟模型，他曾經說過：「我與經濟學家不同，他們研究不存在的抽象世界，我研究眞實的世界。」寇斯討厭「黑板經濟學」，但是目前主流的經濟學，我相信都是成堆的數學模型與方程式，連瑞典中央銀行紀念阿爾弗雷德．諾貝爾經濟學獎（俗稱諾貝爾經濟學獎，其實諾貝爾的遺囑中並未有這個獎項）的得主很多都是數學家。

雖然主流經濟學大多以數學爲主，但我們也要知道，經濟學本質上就是研究人類選擇行爲的科學，現實生活中如同寇斯所言，根本毋須用到高深的數學公式與模型，僅需仔細觀察現實生活中的脈動，這也是一種經濟觀察。

沮喪的開始

經他這麼一提，我才知道這是一件很恐怖的事情。

我開始懷疑經濟學到底能做些什麼事，或者說能幫助我做什麼事，因為這很重要，我既然是經濟系畢業的，至少應該能夠回答得出這些問題吧！

很恐怖的事情發生了，我竟然回答不出來！

他眉頭一皺說了這句話：「這是一件很讓人沮喪的事，也很令人頭痛，要是讓人問到大學念完經濟系四年，有哪些專業？這實在很難以形容！尤其是，當年要是我知道經濟學之父亞當．史密斯竟然是哲學家、道德學家和修辭學家，我就會更加了解到一件事：我念的其實是哲學系和數學系的混合體！」

我又再度大笑幾聲，他真的講到我大學時候的心事了，原來我念的經濟學竟然是「哲學系和數學系的混合體」，真的是一針見血啊！

經濟系的學生，我想最容易被人問及的是「股票會不會漲？」這件事，但經濟學壓根兒也不是研究股票的學問。的確有經濟學家拿經濟理論研究股票，但結果還不是弄到公司倒閉。

有一回，我到一家公司上班，報到第一天，人資主管領我向董事長和總經理介紹一番，說公司來了位經濟系畢業的同事。董事長很訝異，問了我一件事，經濟學不是可以分析股票嗎？希望我能預測一下股市中，哪支股票會漲？

我請他們等我三十秒，我暗自嘀咕著，要是我知道哪檔股票會漲，我還用得著來這裡上班嗎？

三十秒，他們大概認爲我很神了，結果，我就把我心裡頭嘀咕的那些話說給他們聽，要是我知道哪檔股票會漲，我早就去買了，我還會大剌剌的告訴一堆人這檔股票會漲嗎？

最後，我還是繼續在這家公司上班，當個分析師，但不是研究股市的那種分析師。

這應該是經濟學的罩門，好似說念經濟學就是爲了分析股票，很會投資理財一樣，只可惜這些伎倆在我大學時期全沒學到，以致到現在，我連大盤都不會看，更賺不了大錢，只能賺點出書的版稅當收入。

婆婆媽媽都是經濟學家

老媽曾經問我一件事，看我能不能解釋出檳榔爲何會跌價？

以我的程度，我大概只能回答出檳榔供給過多這樣的解釋，但是，我老媽只有國小學歷，她的答案竟然是和國家經濟發展有關，這可是讓我訝異萬分。眞實的原因不外乎是當年十大建設發展時，大型土木建設和國內經濟都在發展，這些工人很多都需要檳榔來提神，而且他們的工資都是當天現領的，於是乎檳榔的需求一直成長，成長到一顆檳榔甚至要價五十元。那時候天價的檳榔可是得在收成期天天派人巡守，檳榔可以說是「綠金」。檳榔成爲綠金之後，才會引發大規模的種植，在臺灣經濟起飛時，檳榔還是供不應求，直到最近幾年經濟發展趨緩之後，由於大規模種植的檳榔造成供過於求，檳榔才會跌價。

老媽的回答，讓我瞠目結舌，我開始相信，即使是菜市場的婆婆媽媽都有一套經濟理論，而且狂勝過一堆經濟學家。我發現，原來我們家也有一個「怡克納米斯」，我眞懷疑，他們倆是不是先套過招？怎麼老媽比我還厲害，口氣還有點像我那個好友怡克納米斯呢？

怡克納米斯的調侃

我這看法，我那好友怡克納米斯嘴角笑了一笑，笑我開始有了點經濟學的智慧了，怎麼慧根這麼晚開呢？古人說「三日不讀書，面目可憎」，可沒要我三日都念經濟學啊！他對我的調侃，我還可接受，畢竟，大學除了那幾本經濟學教課書之外，還眞的沒讀過幾本書啊！

他嘴角一揚笑著說了：「經濟學不是考進了經濟部或是經濟系才開始學的學問，早該在生活周遭就應該體會得到，因此，我發明了『巷子口經濟學』這個名詞，而巷子口經濟學講的是巷子口周遭發生的大小事情，有很多是生活的觀察，有一些是家裡婆婆媽媽給的問題。總的來說，巷子口大概不會有一群人在關心貨幣供給的問題，想必也不會有人去算計X上面一撇的問題。」

巷子口的經濟學

經他這麼一說，我可能會比較關心巷口老王的豆漿怎麼漲價了？前面老李賣的鍋貼怎麼會這麼多人在排隊啊？應該不會有人去關心什麼是「M_{1A}」【1】這些貨幣供給，也不會想去了解什麼是「弧彈性」【2】和「點彈性」【3】，大概也沒心思去算計X上面那一撇如何。我同意這些婆婆媽媽比較關心的話題，應該會比較貼近經濟學的思考，至少是從巷子口出發，而巷子口是生活周遭的寫照，我很同意怡克納米斯的想法。

我長吁了一口氣，幸運的是我有這個好朋友兼良師，但嘆的是同樣都是大學學經濟學的，怎麼彼此的程度差這麼多啊？

把場景從大學經濟系裡拉回來，也許怡克納米斯的「巷子口經濟學」無法像學院派的經濟學那樣富麗堂皇，倒是像路邊攤的一盤小菜，簡單而夠味，還能提一下胃口，或許還能回味無窮吧！

怡克納米斯的巷子口經濟學，我覺得並沒有貶抑經濟學的價值，反而活化了經濟學，至少，我現在可以朗朗上口一些經濟分析，還是拜他之賜呢！

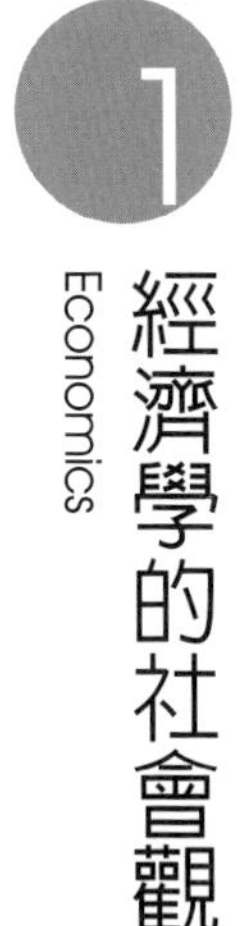

1 經濟學的社會觀

Economics

AI革命來了？

二〇二二年末，怡克納米斯與我注意到美國科技媒體一則有關於ChatGPT的報導，我見怡克納米斯眼睛一亮，我問他，當這類生成式人工智慧（AI）一旦開始普及後，我們這類處理IO（Input to Output）的人，將如何是好？

怡克納米斯回我：「基本上處理IO的人，如果沒有進行資料加值，他的工作無異於就是一部『人類路由器』（Human Router）。我的意思是，資料只是經過他做輸入與輸出的工作，當如ChatGPT、Midjourney等生成式AI（Generative AI）出現後，自動化工具所帶來的工作時間減少、效率提高等潛力，人類只要輸入幾個關鍵提示（Prompt），生成式AI就能夠在短時間內進行運算，快速產出文章或圖片。使用者只需提供關鍵字、條件、情境等提示輸入即可，生成式AI即能夠快速進行演算，產生輸出。」

「所以生成式AI並不會自動產製內容，你說的是這樣嗎？」我回怡克納米斯。

怡克納米斯接著回答：「生成式AI目前的確是由使用者進行提示輸入，再由生成式AI產製相對的圖片或文字。使用者輸入的提示愈具體，生成式AI產製的內容就會愈接近使用者的需求。所以使用者是利用生成式AI產製內容，而不是生成式AI自行生成內容！」

我見到怡克納米斯電腦上幾幅Midjourney所產製（有些說法是「算圖」）的高解析圖片，產製的速度之快，當然是人類望之未及的效率。未來的工作型態，會不會只會簡單區分為會使用生成式AI與不會使用生成式AI兩種工作樣態？而原本中間負責產製內容的工作，將會由生成式AI直接取代。在高階使用者下，將由AI溝通師與這些生成式AI系統進行提示溝通，對人類的產業而言，無異於將出現重大的變革！

怡克納米斯嘆道：「二〇二三年，將是AI元年！我們這類的知識工作者，如果不加緊努力提高知識的附加價值，總有一天會被這類生成式AI所擊潰。當大家有問題需要得到解答，第一時間絕對不是詢問我們這類知識工作者或專家，而是問生成式AI，就像我們現在凡事必問Google，凡出門必用GPS導航一樣，我們會很依賴這類生成式AI，根本上就忘了我們要好好的深耕我們的知識，這才是隱憂啊！」

我認為怡克納米斯的擔憂不無道理。在學校，我見到學生的報告會大量使用Google與維基百科的資料，但這兩者只是提供條目式的參考，然而生成式AI僅靠著幾個提示，就可以自動生成一份文章或者是圖片。更進階的做法是生成式AI可以輸入圖片或文章，形成重點摘要，正反兩種作業模式對這些生成式AI都不是問題。然而，潛在的問題發生了，如何判斷資訊與內容的真實度，才會是未來最大的考驗！

然後，我和怡克納米斯的優勢會是在哪裡？這下子，我們一度陷入對於未來的擔憂！

ChatGPT的優勢

ChatGPT是一個由OpenAI所開發的人工智慧語言模型，它可以根據給定的文本或提示生成自然語言回應。它是基於自然語言處理（NLP）領域的一個深度學習架構，它可以學習語言的規律性，生成連貫和人性化的文本。過去，它已經在大量的網路文本及數據上進行了大量的訓練，因此可以生成對各種主題的回應，從一般知識問題到更複雜的對話話題，它都可以應付。

基本上ChatGPT就是一種生成式AI的聊天機器人，和以往的聊天機器人不同的是，ChatGPT是經過大型語言模型（LLMs）並通過監督學習和強化學習技術進行了微調而產生的一種系統。簡單來說，它是經過人類以大量文本資料所訓練出來的聊天機器人，你問它問題，它就以人類的口吻回答你，目前尚未發展到所謂的「通用人工智慧」（Artificial General Intelligence, AGI），但已經具備執行一般智慧型行爲的能力了。

但ChatGPT不只是拿來聊天而已！

經過幾次連番對ChatGPT的「拷問」（事實上我也在訓練它），對於經濟學問題的回答，不能說很專業，但至少回答得有模有樣，這讓我產生很大的好奇心。假定人類「餵」進ChatGPT所有專業的經濟文獻與報告，它不就會在短時間內具備一般學者難以匹敵的經濟知識？這時候，該驚恐的是我們這些在經濟學領域求生活的人嗎？沒多久，GPT-4推出了！

ChatGPT開發商OpenAI在二〇二三年三月十四日的官方部落格宣布推出GPT-4，GPT-4跟過去的版本相比規模更龐大，這代表著GPT-4模型受過更多資料訓練。此外，最令我驚恐的是OpenAI還宣稱，GPT-4在許多專業測試的表現已經可媲美人類（Human-Level Performance）！以二〇二二年和二〇二三年奧林匹亞（Olympiads）競賽題目的表現，GPT-4在個體經濟學與總體經濟學的表現達到PR82與PR84的高分，這意味著，GPT-4可以擊敗超過百分之八十以上的考生，此外，GPT-4還能夠在律師資格考試（Uniform Bar Exam）中可以擊敗百分之九十以上考生！

GPT-4不僅能夠處理複雜任務，甚至GPT-4比GPT-3.5更可靠、有創意且能處理更多微妙指令。雖然數學與微積分的考試仍落後超過一半的考生，但我認爲經過假以時日的訓練，生成式AI的全學科表現，應該是會讓人驚訝的全領域領先者！

既然生成式AI這麼聰明，可以考過美國的律師執照，照理考過臺灣的高等公務人員考試，自然也不是問題？二話不說，我將臺灣高考經濟學的選擇題輸入ChatGPT，讓我驚訝的是，它竟然可以通過考試，看起來已經具備高級公務人員的資格。我的一些律師朋友已經迫不及待的將各式判例設法輸入ChatGPT，竟能夠生成訴狀草稿，所以，GPT-4在美國可以通過律師考試，這能力顯然不是吹噓的，正因爲它的記憶與摘要能力超過一般人類，這類考試對它而言只是「牛刀小試」，不是嗎？

這下子，若是工作僅靠單純輸入—輸出的工作者，未來的工作恐怕會受到這種生成式AI的威脅。

如ChatGPT這種生成式AI是一種通過學習大量數據，自動生成特定內容的技術。因此，我馬上意會到在勞動市場上生成式AI可以大幅提高生產效率，同時降低成本，從而創造更多經濟價值。然而，生成式AI同時也可能對勞動力市場產生負面影響，尤其是對低技能勞動者的就業機會產生一定的威脅。

總的來看，生成式AI對勞動市場的影響，主要表現在兩個方面：

第一，自動化取代部分工作。隨著生成式AI技術的應用，許多簡單且重複性高的工作將被自動化取代，例如客服、文案撰寫等。這將導致部分工作職位的流失，使得低技能勞動者的就業機會減少。

第二，AI與人類勞動力的協同作業。生成式AI無法完全替代人類，許多工作仍然需要人類的創造力、判斷力和情感智慧。因此，生成式AI與人類勞動力將在未來形成協同作業的局面。

面對這樣的挑戰，我們應該思考如何善用生成式AI的優勢，同時減少其對勞動市場所產生的負面影響，利用生成式AI的優勢與效率我們當然看得到，但被生成式AI所排擠的工作，雖然短期內影響不大，但未來產生的連鎖效應，恐怕會超過我們原先的預期。

生成式AI對勞動市場的影響

怡克納米斯認爲，生成式AI作爲一種具有革命性的技術，對勞動經濟也帶來兩個顯著的變革，以「殺手級應用」（Kill APP）表示生成式AI的橫空出世應該不爲過！

第一，自動化將取代部分工作，低技能工作將會流失。隨著生成式AI的發展，許多低技能、重複性高的工作將逐漸被自動化取代。這些包括客服、資料輸入與簡單文案撰寫等工作，這些工作的特性是重複性質高，但附加價值低。生成式AI可以快速地處理這些工作，提高生產效率，同時降低人力成本，然而，這也意味著低技能勞動者未來可能面臨失業的壓力。

當就業機會減少，意味著隨著低技能工作的流失，這些勞動者需要尋找新的就業機會。然而，生成式AI也正在進入一些高技能工作領域，如金融分析、法律服務等，這些工作的特性是必須使用大量資料演算，或者是透過大量文本的分析才能得出結論的工作，有機會被生成式AI快速的資料與文本分析所取代。極端一點的說法是，這些工作將會以生成式AI工作進行區分，無法利用生成式AI當工具者，將會面臨就業生存上的壓力。

具體而言，生成式AI不僅對低技能勞動者有替代上的威脅，同時對部分高技能勞動者也存在替代性的威脅。

第二，生成式AI將與人類勞動力協同作業。儘管生成式AI具有很高的運算、分析與生成文本的能力，唯目前仍無法完全取代人類。在許多工作場景中，人類的創造力、判斷力和情感智慧仍然不可或缺。例如，在藝術創作、策略制定、人際交往等方面，人類具有獨特的優勢。因此，人類勞動力仍然在未來的勞動市場中具有競爭力。

除此之外，未來新型職業與技能需求將有機會創造出一些與生成式AI一起協同作業的工作項目。

總結來說，生成式AI對勞動經濟的影響是雙面的。一方面，它可能導致低技能工作流失和就業機會減少。另一方面，它也爲勞動力市場帶來新的職業和技能需求。爲了應對這些變化，勞動者需要不斷提升自己的技能，學會與生成式AI協同工作，並充分發揮人類在創造力、判斷力和情感智慧方面的優勢。同時，政府和企業也需要積極應對這些變化，制定相應的政策和措施，以保障勞動者的利益。

首先，政府應當制定教育和培訓政策，幫助勞動者提升技能，以應對由生成式AI帶來的職業變革。這可能包括對職業培訓和再教育的投資，以及鼓勵企業爲員工提供培訓機會。此外，政府還可以透過獎勵創新等措施來促進新興產業的發展，爲勞動者創造更多的就業機會。

其次，企業需要積極調整人力資源策略，將生成式AI與人類勞動力進行有效結合。這意味著在自動化取代部分工作的同時，企業應當爲員工提供更多與AI協同工作的機會，發掘員工在創造力、判斷力和情感智慧方面的價值。此外，企業還應該關注員工的心理健康和工作滿意度，以確保員工在面對新技術帶來的變革時，能夠保持積極態度。

最後，社會整體需要對生成式AI的影響進行深入反思。我們應該思考如何將這一技術用於改善人類生活品質、提高社會福利，而非僅僅作爲一種經濟效率的提升工具，這得需要很多跨學科、跨行業的合作才能具體達成。

新的隱憂？

二〇二三年當ChatGPT、Midjourney與Stable Diffusion這類生成式文本與圖形AI幾近於同時橫空出世後，我的一些朋友們早已變身玩家，從玩票性質到利用生成式AI進行創作或生產的同時，我在大學課堂上問學生，多少人已經開始接觸這類生成式AI工具？答案令我大吃一驚，我所任教的課程，約一半的學生尚未接觸過，而實際上使用過的學生也才約莫兩、三位罷了。我所擔心的是，他們即將是第一波面對此類生成式AI工作考驗的人，學生們到底準備好了嗎？

如果我們把條件放寬一點，將生成式AI定義爲AI工具，對未來經濟有何影響呢？我覺得新的隱憂出現了，這也是怡克納米斯所說的「資本工具」，會不會因爲某些人或者企業有資本與能力使用AI工具，加大競爭門檻，形成不對等競爭呢？

怡克納米斯認爲：「加大競爭門檻的問題可能會存在，但市場不就充斥著競爭，汰弱扶強不也是一種進化法則？現實的問題是使用新開發的工具，本質上就是一種投資與冒險，雖然不代表一定會成功，但對於願意冒險的人給予超額的報酬，難道不是一種市場常態？」

我認爲怡克納米斯的話不無道理，就像當年經濟學因爲馬爾薩斯（Thomas Malthus）提出人口論時，被認爲是「憂鬱的科學」，但事實上當年馬爾薩斯所憂慮的人口數終究會增加到糧食無法供給的推論，如今看來的確是杞人憂天。再者，工業革命發展到現在，並未造成機器生產讓人類大幅失業的問題。

然而，眞正讓怡克納米斯擔憂的是，前述提到的通用人工智慧（AGI）。AGI是指一種擁有與人類智慧相當程度的電腦系統，能夠在各種任務上表現出與人類相當的能力。AGI可以理解、學習和應用知識，在各種不同領域都能運用其智慧解決問題。AGI可以用非人類習慣與智慧的方式進行決策與演算，在某些應用上，AGI以決勝機率進行決策時，在過去幾個案例上，AGI最終找到的方案，的確讓很多專家意外的「跌破眼鏡」。這種意外的發現，也絕非人類經驗與智慧可以生成的，這也就是AGI所強勢的地方。

以金庸武俠小說《笑傲江湖》中《葵花寶典》神功第一頁提到的「欲練神功，引刀自宮」爲例，此等決策想必絕非常人可以辦到。如果，AGI的勝率發現，最大的勝率即是局部自毀時，就會自動執行。因爲電腦不懂人類的邏輯，同時也毋須人類訓練它，它可以自成一格，ＡＧＩ的演算結果可能突破道德與倫理的規範時，未來的隱憂自然會出現！

當ＡＧＩ發展成熟，經濟學上的理性經濟人（Homo Economicus），即假定人思考和行爲都是目標理性的，凡事追求最大效用的理性經濟人，最有可能就是ＡＧＩ！

「眞會如此嗎？」我問怡克納米斯。

怡克納米斯分析：「理性經濟人在事實上並不存在，因爲人類無法完全理性，頂多只能是部分理性，或者是有限理性。正因爲人類無法在有限時間內，窮於計算所有的可能性與效用，也就是所謂『機會成本』的計算只是理論，一種決策依據，無法完全實現。但ＡＧＩ並不是這樣，它沒有感情，它追求最高勝率、最低成本、最低損失與最高效用的方案，它可以計算出所有的可能性，且超乎人類的決策邏輯，這時候理性經濟人就出現了，它就是ＡＧＩ！」

ＡＧＩ與理性經濟人合體？這可是我前所未見的想法，但我也認爲怡克納米斯所言絕對有所本！

「ＡＧＩ沒有稟賦效應，也沒有損失謬誤，也就是在行爲經濟學上的決策偏誤，基本上不會發生在ＡＧＩ上！」怡克納米斯接著分析。

「ＡＧＩ若推出與普及化，將會大幅度的拓展人類視野，同樣的，也會改變人對於眞相與事實的理解能力，恐怕會大幅度的挑戰人類社會與哲學概念。要是金庸武俠小說《葵花寶典》概念生成在ＡＧＩ的決策中，最大的勝率，將會基於部分的損失或代價，人類做好準備了嗎？」怡克納米斯最終說出了他的憂慮。

我相信，這會是一場「工業革命」後的「AI革命」！

Covid-19疫情經濟學

隨著Covid-19疫情逐漸減緩，民生經濟與消費也開始回到疫情前的水準。在事後回顧上，疫情在臺灣三年的發展，各種匪夷所思的疫情因應方案，也廣泛的引起諸多討論。

這一篇，我們來討論防疫資源的「分配」。在價格機能下，消費者是對其資源進行妥善的分配使用，這裡的分配指的是消費者自主式的分配。但在疫情政策下，政府基於防疫的統籌性做法，資源的分配改變了過去市場機能的自主分配法，改用的是政策式的被動分配。

這種分配法，會造成什麼問題呢？

醫療口罩的分配與恐慌

經濟學看重資源的稀缺與分配效率，資源愈稀缺但需求愈高，資源的取得價格就會變高；反之，資源愈不稀缺，且需求不高，資源的取得價格就會變低。這是熟悉經濟學供需理論的人都知道的一般道理。

然而話說回來，資源是否稀缺，有可能是自然形成的現象，如土地的供給是固定的，在經濟學原理的教科書上呈現的土地供給線，就是一條垂直線，供給彈性就是零，需求強烈與否就會決定土地的價格；但資源的稀缺性，有可能是政府管制的結果，如政府管制房租上限，就會形成房東無利可圖，房屋的供給減少，同樣的，舊房客沒有搬遷，自然不會有空屋可以出租，逆循環的結果是房東無利可圖，甚至不會出資維護房屋，以致住房品質日趨低落，且有租屋需求的人，根本找不到空屋可以租賃。

基於此，疫情發生後，醫療口罩（以下簡稱口罩）的供需，難道一定要由政府進行分配與管制嗎？

一個在平日沒多少錢的口罩，怎會在疫情爆發之後變成「一日三市」？如果民眾願意用較貴的價格買到稀缺的口罩，爲什麼政府不讓民眾用較貴的價格買到，反而要用價格與數量管制的手法，讓大家排隊用一樣的價格買口罩？難道政府管制的方式會比經濟學談的價格機能還更聰明嗎？

事實上，剛好相反！

就在臺灣發生Covid-19疫情之後沒多久，衛生福利部因應疫情的擴散，於二〇二〇年一月二十四日宣布禁止出口醫療口罩，並於一月三十一日宣布徵用口罩，二月三日傍晚宣布推出「口罩實名制」（此為1.0版），下令禁一般通路販售口罩，「口罩實名制」於二月六日正式執行，民眾可於全國簽約的藥局購買口罩。

「口罩實名制」的實施立場，就是讓民眾都可以用一樣的價格買到口罩，形式上雖然公平，但實質上卻讓一部分願意用較高價格且不用排隊買口罩的人感受到不公平，且排隊的行爲本質上還是有機會成本。所以，你願意用花費比較低的價格排隊購買管制數量的實名制口罩，抑或是花多一點錢買沒有限量的口罩？這兩者都是選擇問題，有人願意選前者，就有人願意選後者。當然，也有部分人會持有或購買有錢人買得起較貴的口罩，這涉及「正義」的問題，但反過來說，限制有錢人排隊買實名制口罩，難道就不涉及「正義」的問題？因此，用「正義」來包裝實名制口罩，根本上是一種無稽的論點。

怡克納米斯當然同意我的說法，他請我以「帕累托最適」（Pareto Optimality）來說明口罩分配的情況。

「帕累托最適」是指資源分配的一種理想狀態，在固有的一群人和可分配的資源下，如果從一種分配狀態到另一種狀態的變化中，在沒有使任何人情況變壞的前提下，使得至少一個人變得更好的情況下，就達到「帕累托改善」（Pareto Improvement），「帕累托最適」的狀態就是不可能再有更多的「帕累托改善」狀態發生。易言之，不可能在不使任何其他人受損的情況下，再改善某些人的情況，這個時候就是「帕累托最適」境界！

「請問，『口罩實名制』有達到所謂的『帕累托改善』，或者是『帕累托最適』境界嗎？」怡克納米斯用懷疑的眼神射向我，我相信他一定有預設的答案，只不過他想聽聽我的見解，或者他根本是考我是否對經濟理論能夠達到觸類旁通？

「在尚未有『口罩實名制』下，一群願付較高價且不用排隊的民眾，在價格機能下是有機會買到口罩；在『口罩實名制』之後，他不想排隊，基本上就買不到，就達不到『帕累托改善』，當然也就不存在『帕累托最適』的情況。」我直接回答見解。

我相信，我的見解應該是同怡克納米斯一樣。

然而，也許有人會這麼想，願意用高價買口罩的民眾，依然可以買到政府管制的較低價的實名制口罩，不代表他買不到口罩，不是嗎？但我們試著想一下，買得到口罩不代表他願意買，或者說買到實名制口罩的機會成本太高，以至於對這一群人而言當然不公平。

我們回憶一下「口罩實名制」開始執行前的情況。在疫情尚未擴散之前，口罩在通路賣場，一盒大包裝二百片的口罩約賣二百八十五元，折合一片不到一．五元，一般情況下不會有消費者搶購。平常日子裡，口罩售價一片二元很正常，推估成本一片可能約〇．五元至〇．七元，此時零售市場供需正常，原料市場的供需也是正常。

當疫情開始擴散後，因資訊不透明下造成的恐慌效應，民衆開始四處購買口罩以備不時之需。此時需求開始增溫，在供給不變的情況下，口罩的零售價格開始上漲，廠商短期供貨不及，通路上開始出現漲價與缺貨的雙重現象。這時候短暫的恐慌現象，在於民衆感受到口罩漲價與缺貨是個普遍問題，此時，市場並未失靈，依舊是價格機能調節下的結果。

爲什麼我說是價格機能調節下的結果？

簡單來說，疫情剛開始擴散的時候，民衆意識到需要及早準備，此時需求開始增溫，在短期供給不變的情況下，售價上漲與短缺是必然的現象。有些民衆可以接受較高價格，乃是因爲需求較高，只要價格不高於其保留價格即可；有些民衆的保留價格較低，不願意接受漲價，他可能會花費較多的時間尋找相對低價的口罩，此時，價格扮演著資源的分配功能。

在未被干預的口罩市場中，若預期需求會持續增溫，口罩價格就會持續上漲，短期一定會出現廠商惜售，或者有販售業者囤貨的現象。但爲何這種現象不常見？正因爲市場上即使是同業，也是處於資訊不對稱的情況，當商品價格上漲，一定會有一些業者會願意投入擴產，爭取商機。最後，就會有愈多的廠商投入生產，供給增加，口罩價格還是有機會恢復常態，這當中都是價格誘因，也就是價格機能自然會調節市場，市場上那一隻「看不見的手」，自然而然會進行調節，毋須政府干預。

如果，我們把短期現象當成是長期均衡現象，到最後就會導致供需失調，所以，經濟學家就會預期「口罩實名制」最終會產生供給過剩的問題（最終還是發生了）。事實上，最後不僅生產過剩，連產能也過剩，口罩在零售通路中，在疫情開始緩和之際，一盒七十九元的優惠價格，已經與疫情前差異不大了，這時候的價格，充分反映著產能與庫存過剩的結果。

商品出現短期供需失調很正常，這自然會出現市場訊號讓廠商得以因應。怡克納米斯舉彼得．聖吉（Peter M. Senge）在其代表作《第五項修練》中「啤酒遊戲」作爲例子：「這時候民衆買不到口罩，政府官員會怎麼想？難道就是你說的價格機能調節下短期現象這麼簡單嗎？如果政府官員看不到系統，就會出現啤酒遊戲中的結局，反之才會如你所言只是短期現象！」

怡克納米斯此話一說，倒是提醒我在「啤酒遊戲」與「長鞭效應」（Bullwhip Effect）中發生的現象。只要供應鏈或訊息鏈夠長，在每個環節資訊不對稱的限制下，往往起點只是一個小小的波動，就會在終點造成大幅度的波動，這個波動的幅度就看供應鏈或訊息鏈的長度而定，長度愈長，放大的效果愈高！

此外，在溝通與傳播效果上，市場訊息在被編碼與解碼當中，很容易摻雜了環境雜訊，這也可能會影響結果，導致誤判。我才知道怡克納米斯所言，如果我們不清楚系統的眞相，在末端就會感受到大幅度的波動，這時候不就理性就失效了？

「你是指『恐慌』這兩個字嗎？」我回怡克納米斯。

「難道你沒感受到嗎？」怡克納米斯一派正經的看著我。

我分析一下，Covid-19疫情擴散以後，口罩的供需馬上被上綱到政治問題，從禁止出口、政府接管產能、通路限量與限價購買，直到健保藥局每週每人限購兩枚的「口罩實名制」，根本無法讓口罩需求降溫。無獨有偶，新聞媒體甚至還傳出量販通路的衛生紙早已搶購一空，乃因謠傳口罩與衛生紙的原料是一樣的，因口罩荒之後，衛生紙原料即將缺貨，連溼紙巾都開始搶購。若再按此舉繼續擴散下去，恐怕連紙拖把的除塵紙、冷氣濾網也可能抵擋不住搶購潮！無風不起浪，此時政府端出的「電鍋蒸口罩」迷因圖，毫無邏輯與常識的做法，不就更加深了民眾對於防疫物資的恐慌嗎？

「不僅只是因爲恐慌而已，不要忘了還有其他因素強化的恐慌效應！」怡克納米斯繼續補充他的看法。

我記得在二〇二〇年初，染病人數呈指數成長，此時中國大陸的染病人數從一月二十一日以來，基本上呈現指數成長的趨勢，根本尙未緩和。讓預測人數減少的關鍵條件只有一個，就是讓邊際染病人數下降，意即控制疫情後，染病人數才能夠緩和，但當初看起來似乎還沒有緩和的跡象。

每天看媒體播報這些數據，大家難道不會心驚膽跳嗎？

幾年前在大學教網路經濟學，我問學生，當你看到池塘浮萍布滿一半時，多久後浮萍會布滿池塘？同樣道理，當你看到街上有人戴口罩時，多久以後，全部的人都戴口罩？答案很可能就是瞬間這麼快！

怎會瞬間就失控了？

直接一點說就是恐慌的傳播，因資訊不對稱讓人失去了理性，而散布恐慌者就是資訊，包含掌握資訊的媒體、社群與政府官員。我藉「梅特卡夫法則」（Metcalfe's Law）來說明恐慌傳播的嚴重性。

原始的「梅特卡夫法則」認爲，一個網路的價值等於該網路內的節點數的平方，而且該網路的價值與連網用戶數的平方成正比。換句話說，當網內恐慌的人數愈多，則恐慌的效應就成平方倍成長了！

這時候就會出現「密集式的恐慌」，不僅沒有解藥，還會人傳人。

當一個人在外頭，四處都是戴口罩、排隊搶買口罩的人時，恐懼感難道不會油然而生？即使他在恐慌的網路之外，難道不會因爲恐慌的效應而被磁吸進去呢？再者，即使政府才想要試圖轉移恐慌效應，當初再三宣導除了特定因素之外，不必戴口罩，希望降低口罩的恐慌性需求，但也無法遏止恐慌的傳播。於是乎，機關、團體、公司、行號、學校等都宣布進出得量體溫、噴酒精與戴口罩時，代表著都不想因爲一個人的外部性成本，演變成內部成本，還得扛下所有責任與損失，白話說就是「深怕一粒老鼠屎壞了一鍋粥」。就這樣，大家都成了潛在的老鼠屎，最終，恐懼造成了過度防禦。

防疫物資的需求，除了單純的恐慌性需求之外，還得加上過度防禦性需求，資訊不對稱造成恐慌，而資訊透明化能夠降低恐慌嗎？事實上，一點也不！更可怕的是，「密集式恐慌」還會透過更透明、更快速的社群軟體、網際網路傳播，進行人際間的擴散傳染。最恐怖的是，還可以重複感染恐慌症，最終會癱瘓理智。

疫情在中國一開始時（彼時臺灣尚未有疫情），那時候，我認爲不去搶購醫療口罩，防疫物資應該優先提供給最有需要的人。我印象很深刻，只憑記憶翻箱倒櫃找到的半盒過期三年的醫療口罩，估計非到萬不得已時，絕不把口罩戴上。然而，當我在外頭，成群的人都戴上口罩，我成爲大家眼下最有嫌疑的外部成本（老鼠屎），這時候，我回想到《眞確》這本暢銷書提到的「恐懼型直覺偏誤」，民衆很難戰勝恐懼。

疫情開始升溫時，爲什麼民衆就是買不到醫療用口罩？想必很多人一定有這個疑問。我的答案就是政府引導恐慌性需求與管制分配不效率下，這兩個因素彼此影響所造成的問題。

在政府接管、廠商加班生產、部隊支援生產口罩後，口罩究竟到哪去了？

殺頭的生意有人做，賠錢的生意沒人做，正是資本市場中的資源分配效率。如果廠商知道口罩的需求大增，絕對會大開生產線，想辦法用最高的效率，將最大量的口罩銷往市場。因爲有錢賺，所以效率很高，這正是經濟學「看不見的手」，價格機能將資源進行最有效率的分配。

如果，政府管制口罩的售價，不管是六元、八元，甚至再貴一點，以及實名制之後的五元，官方的說法都是「市場機制」或「價格機能」，如果亞當・史密斯（Adam Smith）地下有知，恐怕會感嘆世人對「看不見的手」的誤解，又多了一項全新的詮釋。所以，政府將醫療口罩市場管制，不就是以「看得見的手」管制口罩的供需，失去了市場的彈性與效率之後，結果卻讓民衆「看不見口罩」嗎？

至於，爲何民衆會覺得口罩的管制價格過高，簡單的道理來自於民衆把單價「錨定」在盒裝，亦代表民衆大多是購買盒裝口罩備用，需求彈性高（會比價），單價當然低。而便利商店的口罩是零售，因便利需求，需求彈性低，價格高是通路特色，民衆亦不會太在意。

於是乎，當零售口罩的管制價格訂在八元、六元或五元時，因錨定的參考價格是盒裝，感受到貴是當然的。所以，把兩個不同的市場放在一起比較，就如同臺語講的「竹篙湊菜刀」！

朋友問我，爲什麼口罩價格會漲？商品價格漲，有可能是價格機能導致的，不能胡亂扣下炒作的帽子。這個道理，國中三年級以上的學生，學過公民課的經濟學，認眞一點的大概都會知道，簡單啊，就是需求改變（增加）了！然後，他會回答，假定其他條件不變之下，需求增加會造成需求線右移，均衡價格提高、均衡數量增加。按經濟學的解釋，資源將優先分配給需求最高者（不絕對是出價最高者），售價提高了，還是有較高需求的人願意買，但仍有些人需求不高，所以當市場口罩的總需求提高時，他的個人需求不變，因此，是否可以買到口罩對他而言一點都不重要！接下來，如果老師問後來會怎樣？學生會回答短期供給不變，但脫離短期以後，廠商發現有錢可賺，會增加生產線，造成供給線也右移，均衡價格下降，但均衡數量再度增加。

但是，現況竟然不是按照這個劇本演，說穿了，是經濟學假定其他條件不變之下的某個條件，同時是基於市場供需雙方都是理性的。但在疫情威脅之下，因爲「非典」，再加上「看得見的手」干預市場，讓需求在恐懼資訊的傳播之下，充滿了不理性。

接下來，我來談一下口罩價格，爲什麼不早點「解錨」了？

再回頭看「口罩實名制」的問題，光是版本就有1.0、2.0和3.0這三個不同的版本，除了數量不同之外，最後的售價是一片四元，最後一輪（第四十四輪）到二〇二一年十月六日暫停。「口罩實名制」暫停的原因，主要是民眾透過實名制通路取得口罩的需求已大幅下降，僅維持藥局通路及無健保特約藥局的偏鄉衛生所繼續實施。

有幾次，我到藥局買些家庭常備藥，藥師順道問我，要不要順便買口罩？我當場愣了一下，口罩？我早已忘記有一段時間，我還得去藥局排隊買口罩這件事。我回藥師，家裡的口罩存量將近十盒，早已毋須到藥局買口罩了。

實際上，零售市場五顏六色、各式各樣的盒裝口罩都充裕供應，消費者又何需麻煩地在藥局買區區一包十片的口罩呢？這代表市場的管制基本上已經失效了，難道政府還裝不知？

「借問口罩何處有？藥師遙指下一村！」這大約是當初「口罩實名制」時的光景。從經濟學角度觀之，恐懼的需求提高，加上短期口罩生產不足，經濟供需模型馬上就可以得知「超額需求」會導致需求缺口。當年民衆就是買不到口罩，就是政府引導恐慌性需求與管制分配不效率下，這兩個因素彼此影響所造成的問題。

二〇二二年之後，即使疫情逐漸上升，爲什麼不見大家到藥局排隊買口罩呢？這時候同一個經濟模型卻是不同的結果。在口罩國家隊加速擴張生產線，且在口罩解禁開放市場銷售之後，結果會從「超額需求」反轉爲「超額供給」。因「超額供給」的出現，廠商面對市場「超額供給」所必須進行的決策，最快的方式就是縮減產能，對比過去產能大開，不明就裡者，就會以爲是稼動率不足與閒置產能的問題，這個時候口罩的零售價格，一盒不到一百元。

疫情增溫之後，行政院長曾在臉書說明全國口罩的存量高達八億片，意思是我們毋須恐懼口罩供給量不足的問題，然而實際上我也從未曾擔憂口罩的供給會不足。

怡克納米斯舉亞當．史密斯在《原富》（*The Wealth of Nations*）（另翻譯為《國富論》）中的說法，「因商人有足夠的誘因而將資金留在國內，導致國內資本增加，並在無意中強化了國防力量，這對社會大衆有利，但不是商人的本意。」

我回怡克納米斯：「所以，套亞當．史密斯的思路而言，廠商逮到機會大賣口罩，讓大家有口罩可戴，他也賺了一筆機會財，讓防疫效果提高，絕對不是廠商為了『防疫大義』，根本上是為了『賺錢』這件事。」

怡克納米斯嚴肅的說：「基本上我是不相信業者舉著防疫大纛，是為了『防疫大義』這件事，搞清楚祖師爺亞當．史密斯的『國防』邏輯，你就知道業者為了賺錢，自然而然基於自利的選擇，會做他願意且該做的事！」

既然口罩業者產能提高，代表供給大幅度提高，照理說市場上口罩的價格，應該要下降才對？為什麼還是在四元以上呢？

這還得回溯一下原因。中央流行疫情指揮中心在二〇二〇年十二月九日表示，國內口罩產能已大幅提升，實名制口罩政策調整為藥局自二〇二〇年十二月三十一日起、超商等販售通路自二〇二一年一月四日起，無論成人口罩或兒童口罩，銷售片數及售價均調整為十四天十片四十元。每片口罩四元就是一種價格管制，若在面對之前「超額需求」的「產能不足」情況之下，這種「價格上限」的管制的確有效，但現在是「超額供給」，代表管制價格高於市場均衡價格，管制當然無效。

每片口罩四元除了是一種管制價格外，也是一種「價格錨定」，如果不解除這個「錨」，口罩國家隊大砍產能的新聞就會層出不窮。這時候「解錨」，讓口罩市場價格回落，不會影響國家口罩安全存量，也不會讓民衆買不到口罩，不僅可以讓口罩價格依市場機能回落，也會讓口罩國家隊的產能利用率上升，這不就是「帕累托改善」，政府爲何不爲呢？

疫苗的統籌與分配

Covid-19在臺灣的疫情擴散之後，人民最掛心的首推疫苗在哪裡？曾經有段日子也掛心消毒酒精爲什麼買不到？如果大家還有印象的話，當年行政院長的臉書中說得很清楚，「消毒酒精約九十萬瓶」，換算成每人平均可分配的酒精數，差不多是二十二毫升，想必這就是行政院長臉書中說明的「擴大整備防疫物資」，至於爲什麼只有機會分配到二十二毫升的道理爲何？我也不清楚！

在口罩解除管制之後，消毒酒精與口罩的供貨當然已經不是問題了，我也未見市場失靈的現象，可見政府介入管制之後，以「後見之明」的說法，有種多此一舉的感覺，更甚一點的說法，即是經濟學家常說的「政府失靈」。

但消毒酒精與疫苗呢？在過去政府熱衷於防疫物資的分配主義之下（請注意，是分配主義而不是分配正義），從口罩的分配實名制開始就是一種分配主義，然而，疫苗的採購更是一種極端的分配主義，問題是這樣的分配是否符合分配正義與分配效率的原則？這當然是很多人的疑問。

怡克納米斯當然有他獨特的見解。

「資源如何分配本來就是一種市場價格機能運作下的方案，但資源一旦到了政府手上，一不小心政府就和打家劫舍的強盜沒有兩樣。」怡克納米斯點破了資源管制的手法在他眼裡，無異於強盜的打家劫舍，也就是經濟學家提到的「政府失靈」現象。

他繼續補充說：「當代政治哲學家羅伯特．諾齊克（Robert Nozick）認爲，人們對自己的財產有幾近絕對的權利，在沒有侵害到其他人的前提之下，政府不應侵犯每一個人的財產權。」

怡克納米斯言下之意，如果政府介入強行分配資源，不就和強盜一個模樣？

我記得，我在大學上《憲法》（當年為必修課）時，教授規定每個人必須依他規定的位子就座，很不巧，我就坐在第一排，講桌的前面，第一堂課我就起身發表我的兩個疑義。第一，我修的是《憲法》嗎？教授答「是」；第二，如果修的是《憲法》，依據《憲法》第十條，人民有居住及遷徙之自由，我當然有選擇座位之自由。各位猜看看教授怎麼回答？他答說這堂課他最大，我須依他的授課慣例就座。我只好再據理力爭：「教授言下之意，難不成本堂課教授之《憲法》與您牴觸無效？既然牴觸無效，又何須修課呢？」我當年就用這招「以子之矛，攻子之盾」，經濟系的學生，除了天天讀供給和需求之外，邏輯的論述能力，會比一般大學生強一些，但絕對沒料到用來打臉《憲法》教授！

我幫各位翻一下《憲法》。第十五條「人民之生存權、工作權及財產權，應予保障。」第二十二條「凡人民之其他自由及權利，不妨害社會秩序公共利益者，均受憲法之保障。」第二十三條「以上各條列舉之自由權利，除爲防止妨礙他人自由、避免緊急危難、維持社會秩序，或增進公共利益所必要者外，不得以法律限制之。」

我的印象很深刻，跟教授鬥嘴的結果就是該堂課只拿六十分，剛剛好及格，其他同學基本上都是高分過關。

怡克納米斯在我回憶當年大學《憲法》課與教授鬥嘴的故事後，他氣憤的說：「難道刁難人民自行進口疫苗，是爲了『避免緊急危難』、『維持社會秩序』與『增進公共利益』？或者，是另有所圖？」

我當然知道生命權是一種財產權，如果人民有能力購買疫苗，也就是捍衛其生命財產權，政府如何用行政命令強迫由中央統籌（購）？正因爲購買疫苗就是一種價格機能，如果有人買得起、捐得起，對人民而言就是一種財產權，政府用統籌分配的做法，不就是和羅伯特·諾齊克批評政府的說法一樣嗎？

怡克納米斯同意我的說法。

他說：「更深一層說，市場正常運作之下，不會有市場失靈的問題，在價格機能存在的前提之下，政府的介入本來就不具備效率與正義性，因爲人民已經根據自己的意願付出金錢交換產品，政府最好不要介入與干涉。」

再回憶一下亞當．史密斯在《原富》的論述：「因商人有足夠的誘因而將資金留在國內，導致國內資本增加，並在無意中強化了國防力量，這對社會大衆有利，但不是商人的本意。」所以，套亞當．史密斯的思路而言，廠商有意願且有機會引入疫苗，讓大家有疫苗可以注射，他賺了一筆機會財，讓防疫效果提高，絕對不是廠商爲了「防疫大義」，而是爲了「賺錢」這件事。那麼，政府扛著「防疫大義」的大纛，行分配主義之實，基本上就是獨占廠商作爲，剝奪的不就是人民的福祉與剩餘嗎？

果不其然，當我們在苦等疫苗的窘急情況之下，當年政府馬上配合提出「Covid-19公費疫苗接種預約平臺APP」，這不就是「口罩實名制」的另一種翻版，再行分配主義，卻無視國外馬上有疫苗可進口的事實。但當初擺在眼前的問題是，人民是要注射疫苗，而不是要預約疫苗！

生命權用APP預約等閒視之，再行資源分配？接下來，快篩試劑也適用分配主義，只不過，有了之前口罩與疫苗的經驗之後，快篩試劑變成政府分配與市場機能的兩種方案進行，但事實上問題也不少。

快篩的分配與管制

疫情下的臺灣，過去不僅口罩排隊買，疫苗也得排隊注射，連快篩試劑還是排隊買，經濟學家大聲疾呼要政府放鬆管制，但談何容易？

「快篩實名制」中，首批鼻腔快篩在二〇二二年四月二十八日上路，就如過去「口罩實名制」一樣，一上路就是「塞」（民眾排隊）和「堵」（系統當機）。

也許很多人至今總是無法理解，爲什麼制度一上路就是這般狀況？難道民眾就不能理性一點，有需要才篩嗎？

大家也許不知，人們不會這麼理性，而且，民眾可以理性預期政策的結果，導致政策無效。我前面這句話出現兩個理性，第一個理性指的是民眾不擅於計算經濟效果，他們憑的是直覺的自利性；第二個理性指的是民眾可以輕易猜到政策結果，往往導致政策無效收場。

我舉首批的「快篩實名制」爲例，當政府宣告政策推出時，卻提出首筆一千萬份（每份五劑）快篩劑量的資訊，看似平均每人有百分之五十左右的機會可以買到快篩試劑，卻釋出「限量」的隱藏資訊。這意思不就表明了我只要買到一份，就同時排擠了其他人的購買機會？反過來說，如果自己不買，不就有一半的機會被其他人排擠掉了嗎？

我猜想，官員可能以爲快篩不像醫療口罩一樣是種防護資源，所以不是絕對必要的。但民衆想的是，這時候不超前部署，到時候萬一眞的染疫，會不會眞的沒辦法篩，變成疫情的黑數？就像有些企業的績效制度末位淘汰制，末位可能是百分之五或百分之十，只要落入這個區間，代表工作不保，所以員工間會處於競爭狀態，只要不讓自己落入淘汰區間，工作就有保障，踩著其他同事的頭往上爬就會是職場冷血的常態。

限量購買，不就是企業經常施行的末位淘汰制？

民衆事實上是看疾病管制署（CDC）的獨占資訊去預期未來疫情的發展。當過多時候資訊偏安，即使隨時可以買到快篩試劑，民衆會嫌價格貴，當然不會超前部署。直到CDC宣布疫情快速擴散，民衆會理性預期疫情未來的發展，這時候市售鼻腔快篩當然供給有限，在需求快速增溫下，短期內買不到快篩是必然的，但這種現象會造成負循環，以致出現恐慌。

這不就與當初「口罩實名制」推出時的景象一樣？我記得我用價格機能與短期現

象分析快篩缺貨的問題，怡克納米斯就認爲問題不會那麼單純。我們在終點所看到問題，絕對與起點有很大的落差！

理性如昔的怡克納米斯補充道：「限量的『快篩實名制』一推出，對民衆而言，買或不買，答案當然呼之欲出。用『囚犯困境』就可以解釋爲什麼民衆自利的選擇，如何演變成排隊搶購的結局！」

怡克納米斯再度一派正經冷靜的看著我說：「限量這個資訊所代表的意義不同，口罩限量指的是每次，但快篩推出時的限量，卻是一次，這得怪CDC傳達出的資訊讓人民解讀有誤！」

這讓我想到，「此時不買，更待何時」這句話！而事實上，第二批的「快篩實名制」直到二〇二二年的六月第二週才上路，距離第一批快篩上路的時間，已經過了一個半月了！

怡克納米斯端出了「囚犯困境」（Prisoner's Dilemma）這盤大菜來解釋，爲什麼限量快篩一定會造成搶購的結果。我有點不解，爲什麼當年的「口罩實名制」一推出時，不端這盤菜呢？明明都是政府限量，「口罩實名制」推出時，只造成恐慌與排隊問題，完全毋須爾虞我詐到需要擺出「囚犯困境」這種陣法應對，不是嗎？

「囚犯困境」是賽局理論的非零和賽局中最具代表性的例子，反映出個人的最佳選擇，往往並非團體的最佳選擇，言下之意，在一個群體中，個人做出的理性選擇，卻往往導致集體的非理性結果。假定囚犯們若彼此合作，不說出實情，當然可爲全體帶來縮短刑期的最佳利益；但在囚犯們無法溝通的前提之下，可能會因爲出賣同夥，而爲自己帶來無罪開釋的利益，同樣的，同夥把自己招出來可爲他帶來利益，因此彼此出賣雖違反最佳共同利益，反而是自己最大利益所在。

怡克納米斯利用下圖解釋：「A與B兩個人皆可以選擇去搶購快篩，或者不搶購快篩，但都不知道對方會採取的行動，各自的利得會顯示在括弧裡。因爲彼此都不知對方的決策，於是乎，在假定對方不搶購且自己搶購的情況下對自己最有利（各自利得為〇・五），因此，均衡的結果就會演變成雙方皆搶購，利得會降至〇・二。」

所以，這下我可明白了，怡克納米斯用「囚犯

圖1 快篩的「囚犯困境」賽局示意圖

		B	
		搶購	不搶購
A	搶購	(0.2, 0.2)	(0.5, 0)
	不搶購	(0, 0.5)	(0, 0)

困境」推論的結果指出，不能說搶購快篩是一件不理性的事，大部分民眾不會接受把購買快篩的機會「讓」給其他人的選項，所以就會出現大量排隊的人潮，民眾的抱怨就出現了！

「這時候就無法用經濟效用來解釋，用得到快篩當然效用最高，代表超前部署有用，但不是我願意的；如果發生『無謂損失』（Deadweight Loss），代表我用不到，但我反而更快樂，不是嗎？」怡克納米斯提出了「無謂損失」的說法，令我有點不解？

「你講的『無謂損失』，是指即使是資源被無效浪費了這件事嗎？」我問怡克納米斯。

「我們根本不知道疫情會發展到何種地步，因為無前例可循，且人命無價，我們當然無法用效率這件事思考如何布局防疫措施。防疫資源用得上，得歸功於事前的準備，所以我會多準備防疫物資。但有些物資有其使用效期，如疫苗或是快篩，在還未變成成沉沒成本之前，有機會可以移轉或者是轉贈。但個人防疫物資派不上用場，代表使用價值未發揮，發生了『無謂損失』，反而更快樂不是嗎？」怡克納米斯回答我的疑問。

我問：「什麼時候『囚犯困境』會失效？」

「只有在快篩試劑充分供應的前提之下，大家都不搶購時自然失效；或者，政府釋出快篩試劑將會大量供貨，如未來要上架的唾液快篩，也會打破『囚犯困境』。但話說回來，早知如此，又何必當初？」怡克納米斯有些許忿忿的說道他的想法。

疫情的問題，都在於資訊，也就是說，民眾是看資訊決定他的行爲。

這又讓我想到前述彼得．聖吉（Peter M. Senge）在其經典著作《第五項修練》所提到的「啤酒遊戲」，以及在供應鏈管理中會提到的「長鞭效應」的問題，在資訊不對稱且基於自利的情況下，一不小心就會產生大幅度的波動，不是缺貨，就是庫存太多無法消化。於是乎，過去口罩缺貨到庫存過多，以及現在快篩缺貨，難道不都是疫情資訊鏈上資訊不對稱所造成的現象嗎？

在疫情不對稱的情境下，政府一個小小波動（政策），經一路放大之後，當然無法理解爲什麼民眾的行爲這麼不理性？而「囚犯賽局」早就告訴我們答案了！

通貨膨脹重現

二〇二三年初，我發現兩個生活經濟現象和以往有所不同。首先，百元有找的便當，幾乎已經從生活中消失，其次，百元快速理髮店開始大排長龍，爲了省錢，消費者甘願在外排隊長時間等候。高物價的時代，確實已經侵蝕到我們的生活，問題是政府官員的報告，似乎完全避談所謂的通貨膨脹四個字，這明顯與民衆的感受不同。很多朋友問我，臺灣到底出現通貨膨脹了嗎？

我問怡克納米斯：「臺灣是否出現通貨膨脹？爲什麼百姓有感，但官員無感呢？」

我這個問題一問完，反而是自己先大笑起來，「蚵仔麵線二十元」不就是行政院主計長在二〇二一年十一月被立委質詢時，一時「不查」脫口而出的笑話嗎？殊不知那年十一月主計總處公布的CPI成長率是百分之二．八四，已經是當年第六次超過百分之二的警戒值。但是，從主計總處、經濟部到中央銀行，紛紛異口同聲認爲臺灣還沒有通貨膨脹的現象，但物價上漲的情況，不就如人飲水，冷暖自知嗎？

怡克納米斯回我：「我們必須抽絲剝繭，才能避免政府統計數字對我們產生誤導！」

我不清楚怡克納米斯「誤導」一說，難不成政府會讓民衆產生錯誤的消費決策嗎？

怡克納米斯接著回答：「通貨膨脹現象就是物價不斷上升的現象，政府遲遲不承認發生通貨膨脹，可能是因爲擔心引發民衆的不滿和恐慌，然而如此一來，民衆的錯覺就發生了。如果企業反映物價水準能調高工資，民衆就會誤以爲自己的收入增加了，因爲政府說物價正常而持續消費，反而忽略了實際購買力下降的事實。」

經怡克納米斯這麼一說，我反而覺得是政府官員對於物價發生了「錯覺」（物價變高了，自己不知），反而不希望民衆對於物價產生「錯覺」（物價其實沒有變高），這一來一往之間實在是過於弔詭。

怡克納米斯補充說：「若政府公開承認通貨膨脹的事實，也會造成民衆過度反應，開始搶購物資。這會因爲需求過度增加，造成物價飆漲的問題，最後會讓民衆開始過度儲蓄，最終造成需求下降，甚至緊縮，對經濟發展和社會穩定造成負面影響。簡單來說，物價適度的提高，工資跟著物價提升，對於總體經濟無害，甚至有益。但物價一旦開始持續飆漲，總體需求就會下降，嚴重一點就會緊縮，所以說，通貨膨脹是總體經濟的兩面刃！」

「你去看《集體錯覺》這本書，就會知道我講的是什麼事？」怡克納米斯把心裡想說的話放在這本書裡。

經怡克納米斯一說，這倒讓我想到陶德·羅斯（Todd Rose）在他的《集體錯覺》（*Collective Illusions*）這本書中提到的觀點。「集體錯覺」就是社會編織的謊言，當群體中大部分的人私底下都拒絕某個觀點，卻以爲大部分的人都接受，他們就會在公開場合附和這個觀點，這會讓每一個人都去做大家希望他去做的事，最後都選擇了那些沒有人想要的結果。他舉安徒生《國王的新衣》的童話故事爲例，就是典型的「集體錯覺」。

那麼，究竟誰才是物價與通貨膨脹問題中的「集體錯覺」之源呢？我們可以從兩個層面來分析。

首先，政府官員可能因爲擔心承認通貨膨脹會引發民眾不滿和恐慌，所以選擇對物價上漲視而不見。然而，這種態度可能導致他們忽略了民眾實際面臨的困境，從而使問題惡化。

其次，民眾可能在政府官員的影響下，對物價上漲產生錯覺，以爲自己的收入增加，消費能力沒有受到影響。但事實上，物價上漲對他們的生活帶來了顯著壓力。這種錯覺可能導致民衆在面對通貨膨脹時，無法做出正確的消費決策，進而對經濟產生負面影響。

綜合以上兩點，我們可以得出結論：政府官員和民衆之間的「集體錯覺」可能互相加深，形成了一個惡性循環。要打破這個循環，政府需要更加透明地公開物價和通貨膨脹的眞實情況，讓民衆更加清楚地了解自己面臨的問題。同時，民衆也需要對自己的消費行爲保持警惕，避免在錯覺的驅使下做出不利於經濟和個人生活的選擇。

對於物價的「錯覺」

根據《集體錯覺》一書的觀點，政府不公開承認通貨膨脹的原因，可能是受到官員從衆心態和社會困境的影響。從衆心態是指人們爲了獲得群體的認同和歸屬感，而傾向於遵循多數人的意見和行爲，即使這些意見和行爲並不符合事實或理性。而社會困境是指人們在面對一些涉及個人利益和社會利益的抉擇時，往往會做出有利於自己但不利於社會的選擇，導致整體福祉的降低。

我們並沒有證據顯示官員會產生「從衆心態」與「社會困境」的問題，但職場上這些問題倒是層出不窮，基於本位主義，個人最佳選擇也許不是團體的最佳方案，更可能是最差的結果。

我們若拆解《國王的新衣》這個故事結構，套進通貨膨脹的事實，也就是說國王的新衣是「物價正常」，然後，大家都知道「物價不正常」，卻無人敢反映事實，所以就從眾，大家都睜眼說瞎話。

在通貨膨脹的情況下，政府如果公開承認這一事實，可能會引發民眾的恐慌和不滿，影響政府的形象和支持度，甚至引發社會動盪。因此，政府可能會選擇隱瞞或淡化通貨膨脹的問題，並且跟隨其他國家或團體的立場，以求保持一致和穩定。這種做法雖然可以暫時避免衝突和危機，但卻忽視了通貨膨脹對經濟和社會的長期影響，例如物價上漲、貨幣貶值、購買力下降和貧富差距加劇等問題。這些問題的影響，最終會削弱政府的信任和效能，並對民眾的福祉造成嚴重損害。

「你總算知道我想要表達的意思！沒錯，《國王的新衣》故事裡的聰明人指的就是政府官員。『集體錯覺』的現象會首先發生在政府單位，最終會讓社會也產生『集體錯覺』，但這樣就會讓通貨膨脹消失嗎？」怡克納米斯語重心長的說出他的見解。

我反而認爲通貨膨脹的「集體錯覺」並沒有發生在民眾身上，正因爲現在的資訊管道太多元，也因如此，《國王的新衣》的下場是國王光屁股出來遊街示眾，群眾全對其嗤之以鼻，不是嗎？最後，民眾會以爲政府說的話基本是謊言！

什麼是通貨膨脹？

什麼是通貨膨脹？我們先從經濟現象，也就是物價進行觀察，當然，一般消費者所能觀察到的物價也僅限於自身相關的商品與服務價格。短時間的價格波動，尤其是食物類的價格波動，多半我們會認爲是季節，或者是供需因素暫時失衡所造成的現象。一旦價格開始出現連續上漲，因爲一般消費者的價格彈性都很高，對於價格的敏感性與易受性敏銳，這時候我們就會關切是否發生通貨膨脹的現象。

通貨膨脹指的是整個經濟體系中一段時間內總體物價上漲的現象，當物價上漲，同時也代表貨幣的購買力下降。當一般物價上漲時，每單位貨幣所能購買的商品和服務量會相形減少，這會導致民衆的購買力下降；換句話說，民衆必須花費更多的貨幣，才能購買同樣數量的商品和服務。

舉例來說，如果在一個國家裡，麵包的價格原本是十元，但在一年之內上漲了百分之五十，麵包價格上漲到十五元，代表民衆必須多花五元才能買到同樣的麵包。如此一來，民衆的購買力就會下降了，因爲他們必須花費更多的貨幣，才能滿足同樣的需求。如果民衆的收入沒有增加的話，這會導致民衆的生活成本增加，物價一路持續上漲，最後民衆的消費需求就會下降。

一般來說，政府會控制總體物價在合理範圍內，物價成長率大多會以百分之二爲控制目標。如果物價上漲超過百分之二，在這種情況下，政府和中央銀行通常會採取積極措施來控制通貨膨脹的程度，例如提高利率或提高存款準備率等緊縮貨幣供給政策，這些措施都是把目標放在減緩通貨膨脹的速度，以保持貨幣供給的穩定和經濟的發展。

除了物價是我們可以直接觀察的現象之外，我們亦可從貨幣供給的統計，判斷貨幣供給是否過熱過多，來判定是否發生通貨膨脹。

從貨幣供需面而言，貨幣供給和需求都是造成通貨膨脹的另一個重要因素。當貨幣供給量增加時，市場上流通的貨幣數量就會增加，短期來說，商品與服務的數量不易增加，這時候增加的貨幣就會去競逐商品與服務的價格，當貨幣數量持續增加，這時候，商品和服務的價格就會大幅上漲。一段時間之後，商品與服務的需求會因擔心物價持續上漲的預期心理，讓民眾的購買力下降，這時候，消費需求就會大幅增加，最後導致通貨膨脹。一國若造成通貨膨脹，最終會導致貨幣價値下降，民眾持有的貨幣購買力下降，進而影響降低消費和投資意願。

二〇二二年通貨膨脹產生的原因？

先從美國的物價說起。消費者物價指數（Consumer Price Index, CPI），是普遍用來觀察一國是否發生通貨膨脹的指標，同時也是各國中央銀行制定貨幣政策的重要觀察數據。美國聯準會（FED）的三大目標爲促進最大就業、穩定國內物價、長期適當的利率，聯準會以百分之二爲目標值，目的在於讓美國經濟在增長的同時，能夠評估經濟是否過熱，以及作爲聯邦基金利率是否合理的依據。

下圖是美國近期的CPI年增率

圖1　美國CPI年增率

資料來源：U.S. Bureau of Labor Statistics

統計，可以很清楚的得知在二〇二一年三月以前，CPI年增率大約都控制在百分之二上下，但自二〇二一年三月以後，CPI年增率就像是坐雲霄飛車一樣，直衝到二〇二二年六月的百分之八．九。CPI年增率自從超過百分之二以後，很明顯的知道美國已經發生了通貨膨脹，接下來才有FED開始升息，企圖讓物價開始降溫的貨幣政策。

再回來觀察臺灣的CPI年增率。二〇二一年四月的CPI年增率是百分之二．一一，以事後諸葛的角度看，臺灣的物價年增率落後美國一個月，然而同樣的，在二〇二二年六月，臺灣CPI年增率出現百分之三．五九的近十年高點（此時，美國的CPI年增率亦達到近六年的最高點），行政院主計總處的說法是「油料費因國際油價居高，加以水果、外食費、肉類、蛋類、家庭用品及房租上漲所致，惟通訊設備價格下跌，抵銷部分漲幅；若扣除蔬菜水果，漲百分之三．一六，再剔除能源後之總指數（即核心CPI），漲百分之二．七七。」所以，主計總處仍未說明臺灣出現了通貨膨脹的現象。

雖然我們與美國的物價年增率有很大的數值差異，但並不能說臺灣沒有發生通貨膨脹的問題。

怡克納米斯提醒：「正因爲我們的電價與油價，以及一些大宗民生物資的價格是受到政府補貼的影響，加上房租價格可能未如實反映，以至於造成臺灣物價年增率遠遠小於美國的現象。這也是我在一開始說過的，對於臺灣的物價現象，必須層層抽絲剝繭，才能了解事實的原因！」

如果嘗試著了解二〇二一年開始發生的通貨膨脹原因，若加上先前的中美貿易戰，以及更早之前的寬鬆貨幣政策，幾乎就是以下幾個現象所造成的「完美風暴」。

1.全球疫情影響：Covid-19大流行，導致全球經濟活動在這段時間陷入停滯，各國政府與中央銀行爲了避免經濟產生停滯，採取了大量刺激措施來維持經濟。這些措施

圖2　臺灣近期CPI與核心年增率

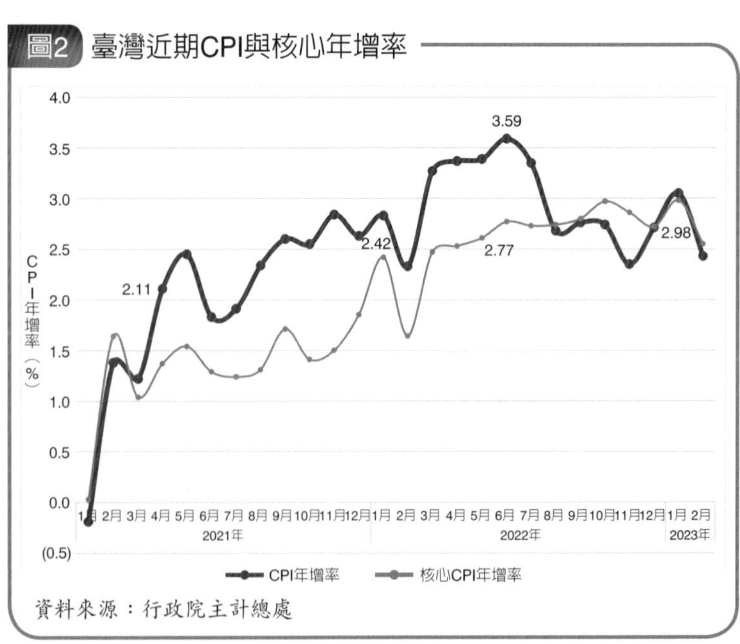

資料來源：行政院主計總處

包括降低利率（美國聯邦基金利率約降至百分之零）、增加貨幣供應以及實施財政刺激計畫。隨著疫情逐漸得到控制，經濟開始恢復，這些刺激措施可能導致貨幣供應過剩，從而引發通貨膨脹。

2.供應鏈問題：在疫情期間，全球供應鏈普遍受到停工、封城與封港等嚴重影響，企業的生產與運輸皆受到嚴重限制，最終導致各種原料、材料和商品短缺。這些供應鏈問題，導致生產成本上升，最終傳遞到消費者，形成通貨膨脹壓力。

3.糧食與能源價格上漲：二〇二二年全球能源價格受俄羅斯與烏克蘭戰爭的影響而大幅上漲，特別是石油、天然氣和煤炭等。同時，烏克蘭是全球重要的糧食生產國，戰爭影響該國的糧食生產和出口。此外，戰爭導致的運輸受限，可能使國際糧食市場供應緊張，推高食品價格，加劇全球通貨膨脹。戰爭不僅影響了生產成本，還推高了運輸和家庭消成本，進一步推動通貨膨脹。

4.需求恢復：隨著疫情得到控制，消費者信心逐漸恢復，需求迅速反彈。在供應鏈尚未完全恢復的情況下，需求增加可能導致價格上漲，進一步加劇通貨膨脹。

5.財政政策：各國政府在疫情期間實施了大量財政刺激措施，這些措施導致公共債務增加，從而對通貨膨脹產生壓力。

6.預期通貨膨脹：企業和消費者對未來通貨膨脹的預期，可能成爲通貨膨脹的一種自我實現的預言。當人們預期通貨膨脹將繼續上升時，他們可能會提前購買商品和服務，導致需求增加，從而推高價格。

難道，完美的風暴之後，通貨膨脹就結束了嗎？

通貨膨脹後，物價會下降嗎？

我問怡克納米斯：「通貨膨脹後，物價會下降嗎？」

他很肯定的回覆我：「大家對於物價的定義沒有很精準的表達，到底物價是表示成長率，還是表達商品服務的價格？」

他繼續補充：「政府官員會說通貨膨脹會減緩，這個意思表達的是物價成長率會減緩，但不敢保證何時會緩和？所以，大家已經看到二〇二二年六月以後CPI年增率終於開始下降，但是，你看到物價降低了嗎？因爲很多人可能不清楚物價具有『僵固性』（Sticky），基於很多原因，物價難以下調，以至於高物價的問題始終存在。」

經怡克納米斯提醒之後，我回憶起在總體經濟學的通貨膨脹論述，當通貨膨脹後，物價不會輕易降低的原因，主要與物價的僵固性有關。僵固性指的是物價在面臨外部經濟變化時，難以快速調整的特性，尤其是民生物價（如服務業）的價格僵固性更是明顯，例如：

1.菜單成本：這是指企業在調整價格時所需承擔的成本，如印刷新的價目表、更新標籤等。由於這些成本的存在，企業可能不願意頻繁調整價格，導致物價具有一定的僵固性。

2.心理成本：人們對價格變動具有心理預期，當物價上漲時，消費者和企業都會形成對未來價格上漲的預期心理。

3.價格穩定政策：政府爲了維持物價穩定，可能會實施一定的價格控制政策，如限價、補貼等。這些政策可能會限制物價的自由調整，使物價具有僵固性。

簡單來說，即使未來ＣＰＩ年增率有機會降至合理的水平，但各位必須了解一件事，就是ＣＰＩ年增率是一種年與年物價的比較，當基期的物價處於高檔，而下一期的物價增長減緩，ＣＰＩ年增率自然而然就會下降，但ＣＰＩ依舊處於高檔。也因爲如此，政府統計單位可以調整ＣＰＩ基期，這時候大家看到的ＣＰＩ就會下降，但只要去比較歷史物價，依舊可以還原物價增長的情況。

例如，我們可以利用美國ＢＬＳ所提供的ＣＰＩ通貨膨脹計算器來比較不同時期的貨幣購買力，以二〇〇〇年一月的十美元計算，在二〇二三年二月的購買力值十七・八二美元，亦即代表這段時間美國的累積物價成長率達百分之七十八・二。物價不會不見，只是用不同方式表達而已！

通貨膨脹對經濟的影響

通貨膨脹到底對於經濟是有利還是有害？以我的觀點而言，通貨膨脹對於持有資產者較爲有利，言下之意，漸進式的通貨膨脹對於資產富有者是有利的，但對於一般民眾而言，恐怕未蒙其利，先受其害。我彙整以下兩種不同的說法供大家參考。

正面影響：

1. 債務降低：通貨膨脹會使未來的貨幣價值降低，對於已經存在

圖3 美國CPI通貨膨脹計算器

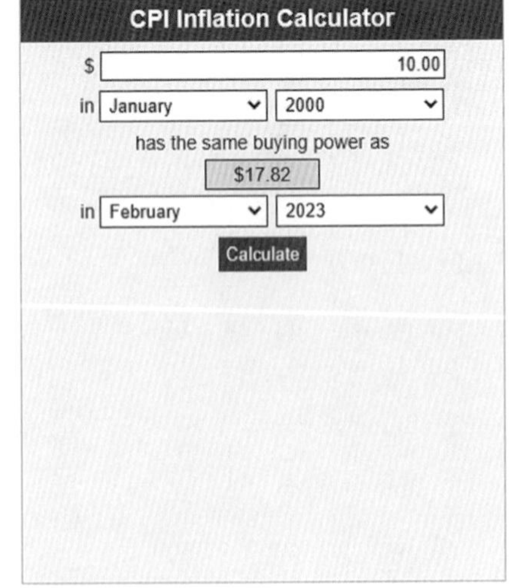

資料來源：U.S. Bureau of Labor Statistics

的債務，通貨膨脹可以降低實際債務負擔，使借款人在一定程度上受益。由於借款的本金會因爲通貨膨脹之後被稀釋，對於貸款持有資產者有利。

2.刺激消費：由於人們預期未來物價會上漲，他們可能會提前消費或投資，從而提高經濟活動，因此，通貨膨脹在一定程度上可能會刺激消費和投資，造成經濟成長。

3.利潤增加：在通貨膨脹環境中，企業可能透過提高價格來增加利潤，因價格具有僵固性，企業利潤有可能因爲通貨膨脹而更提高貢獻。

負面影響：

1.購買力下降：通貨膨脹會導致物價上漲，使消費者的購買力下降。對於固定收入者（如退休人士、低收入者等）來說，通貨膨脹可能對生活水準造成嚴重影響。

2.資源配置扭曲：通貨膨脹可能導致市場信號扭曲，使得投資者難以判斷眞實的投資回報。這可能導致資源過度投入某些行業，或者過度追求避險性資產，進而降低資源配置的效率。

3.經濟波動加劇：在通貨膨脹加劇的情況下，中央銀行可能不得不收緊貨幣政策，以遏制通膨壓力。然而，此舉可能使經濟增長放緩，失業率上升，進一步加劇經濟波動。

經濟學界對於通貨膨脹的問題始終存在正反兩面的見解，有些認爲「溫和」的通貨膨脹有助於經濟的發展，有些認爲通貨膨脹是一種「稅」，但總的來說，經濟學家都不樂見惡性通貨膨脹發生，因爲接下來恐怖的惡夢就會來臨，那就是「停滯性通貨膨脹」（Stagflation）！

一九七〇年代的停滯性通膨

停滯性通貨膨脹是指在經濟停滯（低增長甚至衰退）的情況下，通貨膨脹仍然持續的現象，這是物價增長與需求降低互爲因果所造成的問題。

一九七〇年代停滯性通貨膨脹是指經濟增長緩慢或停滯，失業率提高，而物價水準持續上升的現象。這種現象與菲利普曲線（Phillips Curve）相悖，因爲通常通貨膨脹率和失業率之間存在一定的負相關。我問怡克納米斯，爲什麼一九七〇年代的停滯性通膨情況下，物價上漲卻造成失業率提高，明顯與菲利普曲線相悖？

怡克納米斯回答：「時空不同，當然不能相提並論！」

「當年菲利普（A.W.Phillips）的年代，當通貨膨脹發生時，因爲物價提高，但工人的薪資調整跟不上物價，以致企業的獲利提升，反而更有機會增聘更多的工人，失業率就會降低。同理，當失業率提高時，工人會願意降低薪資，導致物價下降。所以，失業率和通貨膨脹率呈現反向的關係。」怡克納米斯的這番回答，倒是讓我回憶起當年大學的貨幣思想史。那麼，究竟是什麼原因導致一九七〇年代發生停滯性通貨膨脹的現象？

一般咸認爲，一九七〇年代停滯性通貨膨脹的主要原因有以下幾個方面：

1.供給面的衝擊：一九七三年和一九七九年，中東地區爆發了兩次石油危機，導致全球石油供應減少，石油價格飆升，提高工業生產成本，推動物價上漲，形成成本推動型通貨膨脹。

2.過度寬鬆的貨幣政策：一九七〇年代初期，FED爲了刺激經濟增長和降低失業率，採取了過度寬鬆的貨幣政策，大量增加了貨幣供應和信貸規模，長期削弱美元的國際信用和購買力，引發需求拉動型通貨膨脹。

3.預期心理形成通貨膨脹：由於供給面的衝擊和過度寬鬆的貨幣政策，一九七〇年代美國的通貨膨脹率持續處於高位，這種情況使得企業和個人對未來物價水準的預期不斷上升，從而影響他們的行爲決策。例如，企業會提高商品價格和工資要求，個人會減少儲蓄和增加消費，這些行爲又會進一步推動物價上漲，最終造成通貨膨脹。

二〇二一年以來的通貨膨脹，最終會形成停滯性通貨膨脹嗎？想必是很多人的疑慮。直觀來說，高物價的確會降低消費需求，因預期心理發酵，消費需求更會再度降低，形成負循環，接下來就會影響企業的投資需求，失業率就會提高。但美國失業率並未隨著通貨膨脹而上升，反而持續下降，難道菲利普曲線又再度出現了嗎？

利率上漲會打擊經濟嗎？

美國的失業率在二〇二〇年二月爲百分之三．五〇，四月即迅速攀升到百分之十四．七，之後逐步降低，恰巧與通貨膨脹率相反，但不意味著當年菲利普曲線再度出現。

恰克納米斯表明了他的擔憂：「美國的失業率在二〇二三年二月降至百分之三．六，如果不看通貨膨脹現象，這看似是一個好消息，顯示美國的就業市場強勁，在疫情後出現經濟復甦的現象。但經濟現象總有弗雷德里克．巴斯夏（Frederic Bastiat）所說的『看得見的』與『看不見的』，一個行爲或政策即使在當下有可能看見的結果（某種利益），也可能有看不見的後果（某種傷害）。經濟學家觀察美國失業率下降，隱藏了一些令人擔憂的現象，例如勞動參與率的下降，非全職員工的增加，這才是要擔憂的部分！」

怡克納米斯提醒我，雖然美國的勞動參與率在二〇二三年二月逐漸回升到百分之六十二·五，失業率下降至百分之三·五〇，但如果進行比較，勞動參與率仍未達疫情前的水準，這意味著勞動參與率下降，代表更多的人退出了勞動力市場。這可能是因爲失去了工作動機，或者選擇提前退休，這期間差不多有三百三十萬人離開了勞動力市場，沒有被計算在失業率中，其中當然包含了疫情當中死亡的成年人口。同樣的，還有更多非全職就業人口投入就業市場。非全職就業人口是指那些希望找到全職工作，但卻只能找到兼職或臨時工作的人，這當中有很多還可能是退休後再投入工作的人。這些人可能面臨收入不穩定、缺乏福利和保障，以及工作不滿足的問題。

根據美國勞工部的數據，二〇二三年一月的非全職員工數量爲四百五十萬人，比二〇二〇年二月（新冠疫情前）的四百一十萬人增加了四十萬人。這意味著有更多人被迫接受不理想的工作，而不是眞正想要的工作。

我們可以透過數據的推論，美國失業率之所以在物價上漲的情況下出現下降的跡象，並不一定代表就業市場和經濟狀況良好。相反的，這可能反映了勞動力市場的供給短缺，就業品質的下降，以及通膨壓力加劇的問題。這些現象對ＦＥＤ制定貨幣政策和調整利率帶來了挑戰及困難，主張要持續升息的鷹派認爲，通貨膨脹必須要靠持續升息才能有效抑制，但主張緩和升息、停止升息的鴿派，卻認爲升息會傷害經濟成長，但現況是鷹派戰勝鴿派，ＦＥＤ還是會持續升息，哪怕已經有部分銀行因爲升息而倒閉！

接下來，ＦＥＤ爲了抑制通貨膨脹現象，美國聯邦基金利率在二〇二二年三月開始逐步提高，到二〇二三年四月已經是百分之四．八三（二〇二二年二月為百分之〇．〇八）。ＦＥＤ打擊通貨膨脹的主要工具就是貨幣政策，即提高聯邦基金利率（Federal Funds Rate），也就是提高銀行之間借貸準備金的利率。聯邦基金利率影響其他市場利率，進而影響信貸、投資和消費等經濟活動。一般來說，當通貨膨脹壓力上升時，ＦＥＤ會提高聯邦基金利率，使借貸成本上升，抑制經濟過熱和需求過剩，從而減緩物價上漲。反之，當通貨膨脹壓力下降時，ＦＥＤ會降低聯邦基金利率，使借貸成本下降，刺激經濟增長和需求增加，從而防止物價下跌。

事實上，這一次的通貨膨脹並不完全是需求面所推動的，反而是供給面的因素居多，升息雖然可以片面抑制通貨膨脹，但對於供給面所推動的通貨膨脹，抑制的效果不大，稍有不慎，極可能引發經濟緊縮。升息可能會對經濟成長率產生一定程度的負面影響，但具體影響取決於升息的幅度、速度以及其他經濟因素。基本上大概有五大負面效果：

1.投資減少：升息使得資金成本上升，企業和個人投資的機會成本變高。這可能會使得企業減少資本支出和產能擴大計畫，個人減少房地產等投資，進而影響經濟成長。

2.消費減少：升息會導致民眾的實質購買力下降，同時也會造成融資成本上升，使得民眾在購買汽車、房屋等耐久性消費品時，面臨更高的利息負擔，亦可能會抑制消費者信心和消費，進一步拖累經濟成長。

3.財政壓力：升息會提高國家和地方政府的債務利息支出，加大財政負擔壓力，限制政府在基礎設施建設、社會福利等方面的支出，這亦將對經濟成長產生不利影響。

4.貨幣政策負面傳導：在升息環境下，銀行可能更願意將資金投向低風險的公債市場，而減少對企業和消費者的貸款，這將影響實體經濟的資金需求，對經濟成長產生負面影響。

5.國際資本流動：在美國升息的前提下，升息可能引發國際資本流動，在利率上升的情況下，投資者可能將資金從新興市場撤回，尋求國內市場的投資機會。這可能對新興市場國家的經濟成長產生影響，並可能引發金融市場的波動，如美元匯率升值，新興國家貨幣貶值，降低出口競爭力。

接下來就是FED升息引發的金融危機，關於這點，究竟是FED始料未及的狀況，還是意料內卻發生得太早呢？

美國升息的金融危機

通貨膨脹的故事還未結束，就在大家以爲通貨膨脹可能有機會暫緩時，美國第十六大銀行矽谷銀行（Silicon Valley Bank, SVB）在兩天內竟然無預警倒閉，引發全球投資人一陣譁然，成爲美國歷史上規模第二大銀行倒閉案。

二〇二三年三月八日SVB突然傳出以十八億美元的損失，賠售價值約二百一十億美元的可供出售（Available For Sale, AFS）證券，此舉引發了客戶集體恐慌，紛紛提領現金，在流動性不足且SVB股價大跳水之後，SVB在三月十日便宣告關閉，並馬上被聯邦存款保險公司（FDIC）接管，對所有存款客戶提供全額擔保，以免產生擠兌的骨牌效應風險。

FED自二〇二二年開始強勢升息，雖然目的是爲了打擊通貨膨脹，但也同時造成了金融市場的流動性減少和債券價格下跌的風險。這對於一些過度依賴債券投資和新創公司放款的銀行，如SVB而言，當然是一個致命打擊，因爲SVB的投資組合是大量持有美國政府長期公債，這些公債在不斷升息下，會出現價值減損和利差收縮的情況。當升息導致借貸成本提高時，許多新創公司開始減少或延遲借款需求，或者轉向其他融資管道，這使得ＳＶＢ的放款業務受到壓抑，而其存款也將面臨客戶提領增加，而提高流動性不足的風險。於是乎，ＳＶＢ爲了因應流動性不足和資本不足的問題，不得不出售部分債券以籌集現金，在認列了十八億美元的虧損之後，這個訊號卻引發了市場和投資人的恐慌，矽谷的新創公司客戶紛紛提領帳戶存款，造成擠兌，最終導致流動性危機，在股價暴跌百分之六十之後，ＳＶＢ以倒閉收場。

除了ＳＶＢ之外，同樣也面臨相同處境的中小型銀行，恐怕下場也會如同ＳＶＢ一般，如標誌銀行（Signature Bank）也倒閉了，第一共和銀行（First Republic Bank）也差一點關門大吉，雖然一些人認爲這與二〇〇八年雷曼危機的系統風暴不同，但無論如何，恐怕還有一些未爆彈尚未出現。果然，瑞士信貸（Credit Suisse Group AG）的危機馬上就上演了。

瑞士信貸危機馬上爆發之後，瑞士銀行集團同意以三十億瑞士法郎（約三十二億三千萬美元）收購瑞士信貸銀行，並且同意承擔五百四十億美元損失，瑞士政府安排此一強制合併，當然是想避免全球金融市場進一步動盪，萬一瑞士信貸也倒閉，不就代表不僅中小型銀行有危機，這些大型銀行恐怕也很難倖免。

於是，銀行從「大到不能倒」，變成「一家都不能倒」。

屋漏偏逢連夜雨，二〇二一年以來的通貨膨脹問題似乎還會一直爆雷，如果政府設法用繼續升息以打擊通貨膨脹，機會成本將是面對不可避免的經濟衰退，魚與熊掌不可兼得，伸頭縮頭都是一刀，這才是很多經濟學家所擔憂的問題。

經濟學的生活觀

Economics

老闆，你的豆漿賣貴了！

我荷包裡的新臺幣被掠奪了

我很討厭漲價，而且我總認爲漲價就像是在掠奪我荷包裡的新臺幣一樣，要是問我願不願意接受漲價的話，我大概會抵死不從（這只是形容一種意願的程度，沒這麼嚴重到生命受威脅時，還打死不退）！

臺灣有幾年大宗物資【1】一直在漲價，麵粉和砂糖連漲了好幾次，不光是食品業者哀鴻遍野，漲聲連連，就連消費者也很難接受物價上漲的壓力。原本，只要收入有所提高，物價上漲所帶來的效果應該會被增加的收入所抑制掉才對。舉例來說，要是薪水成長百分之二，而物價上漲百分之一，照理來講，消費者普遍應該是可以接受的，因爲至少買得起。反過來說，要是薪水只成長百分之一或者不漲，物價上漲的壓力就會抑制消費者「少買一點」。

我那好朋友怡克納米斯也同意我的看法，只不過他認爲漲價這件事，絕對不是老闆漲「爽」的！其次，老闆一定不會對不起自己的荷包，所以老闆要漲價，一定其來有自。一個老闆喊漲，或許你會認爲他是漲爽的，但是一堆老闆喊要漲價，這恐怕就不是一堆老闆爽過頭了！

漲價與ＣＰＩ

什麼？「漲價」和「爽」有什麼關係啊？我覺得他這句話讓我丈二金剛摸不著頭腦！

「物價是不是上漲，除了看是不是有人漲價這件事之外，就是看看其他老闆是不是也一起喊漲價。物價上漲攸關民生經濟，一個老闆喊漲價，是不會引起政府注意的，但是一堆老闆喊漲價，政府就不得不注意了。針對物價上漲的觀察方法，官方說法叫做『消費者物價指數』（ＣＰＩ），但我認爲這ＣＰＩ的敘述，婆婆媽媽應該不懂，寫得有點像是火星文，有看沒有懂！」怡克納米斯說道。

火星文，說得眞妙！

怡克納米斯這老兄講了這段話，倒是讓我回想起來經濟學裡的說法，看看CPI的敘述，什麼是財貨（goods）呢？顯然考倒絕大部分沒念過經濟學的人（偏偏念過經濟學也不見得會記得）。

簡單來說，財貨其實就是商品，經濟學上的財貨指的是直接或間接能夠滿足人們消費欲望的經濟產品，又分爲消費財和工業財。相對的，無形服務商品就是「勞務」了。

消費者物價指數（CPI）是應用最廣泛的通貨膨脹指標，也是各國央行十分關切的經濟數據。CPI的計算方式是，就消費者的立場，衡量一籃固定財貨與勞務的價格，並與某個基期間的物價水準做比較。舉例來說，一九九九年七月的物價水準爲百分之一百三十·五，這意味著該欄固定財貨與勞務的價格高於基期水準達百分之三十·五。比較兩段不同期間的CPI，我們便可知道該期間物價上漲幅度。

有必要搞得這麼拗口嗎？說眞的，我也不知，但經濟學就是喜歡搞得很玄，讓絕大部分的人不知經濟學的內幕，經濟學蒙著面紗，當然就神祕許多了。

「算CPI大概是每個念經濟系的學生必考題，然而，大部分的經濟系學生沒提過菜籃子上市場，體驗什麼是『一籃子財貨』。這CPI，對婆婆媽媽不盡然受用，原因不外乎是那『一籃子財貨』和婆婆媽媽上菜市場買的『菜籃子』不盡相同。舉個例子來講，張大媽每週固定要去菜市場買菜，根據經驗，她大概得買上三十樣菜，在一個月前她算過一個月的菜錢是三千元，一個月後，她發現這個月的菜錢竟然漲價到三千六百元，用CPI表示來說，張大媽買菜的CPI是百分之一百二十，漲價了兩成，張大媽當然會喊貴啊！所以，官方宣布的CPI對婆婆媽媽的意義不大，但是菜市場的CPI對她們而言，卻絕對是意義非凡。」

這老兄不疾不徐地陳述他對CPI的看法之後，我也覺得他言之有理。說實在話，我懂CPI，也算過CPI，最後一次算CPI是在大學期中考的時候，但這CPI對我有何意義呢？我還眞的沒認眞研究過。

「但是，誰來公布菜市場的CPI呢？」我們異口同聲說了！

話說回來，大宗物資漲價，照理應該會影響菜市場的CPI，理論上來說，對面早餐店老王的豆漿、饅頭、油條和包子等，應該會漲價才對。

漲價的賽局

至於老王的豆漿店會不會漲價呢？那得問一問老王漲價的「意願」？

怡克納米斯認爲，老王不會平白無故就漲價，他得考量你我的消費態度，要是他覺得漲價對我們的壓力很大，搞不好我們就不喝豆漿、不啃饅頭，改喝稀飯了，這對老王早餐店的生意損失可就大了。要是他覺得漲價而我們都可以接受的話，他大概會漲價，剛好可以平衡原料上漲的成本。

怡克納米斯拿了張紙和筆，很快的畫了個表格（如下表），他指出這時候老王的選擇有兩種，即「漲價」與「不漲價」，我們的意願也有兩種，即「接受」與「不接受」。

他解釋上面這個表格裡「不漲價，不接受」是沒有道理的（其實就是接受漲價），所以，可以不用理會這個選擇。在我的選擇裡，很顯然我會採取「漲價，不接受」和「不漲價，接受」這兩個選擇，而老王的最好選擇就是「漲價，接受」，所以，這個情境根本是無解。

「所以，漲價無理嗎？」我很狐疑地望了一下怡克納米斯，我總覺得他話中還有話！

他繼續說了：「要是條件加上我非豆漿不喝的前提，這下子我可能只有接受『漲價』的事實。或者老王認爲漲價可能會影響

		老王的選擇	
		漲價	不漲價
我的選擇	接受	漲價，接受	不漲價，接受
	不接受	漲價，不接受	不漲價，不接受

其營業收入的話，他可能選擇『不漲價』來因應，而自行吸收調漲的成本，這下子就有解了。但是，要是不只老王賣豆漿，旁邊老李也賣豆漿，老王漲價，老李不漲價，這下子，我會去老李的店裡喝豆漿。老王一看到老李沒漲價，當然會馬上降回原價，所以，兩家店我都可以消費。」

漲價與聯合行爲

「這證明經濟學說有競爭就是好事，一點兒也沒錯，老王和老李的競爭對我而言鐵定是件好事，但我最怕一件事，就是老王和老李私底下講好一起漲價，這下子，我大概只能去喝粥，不然就是接受漲價的事實。所以說，『聯合行爲』和『勾結』絕對不是件好事。」怡克納米斯補充說道。

定義上所謂的「聯合行爲」，根據《公平交易法》第十四條的解釋，指的是事業以契約、協議或其他方式之合意，與有競爭關係之同一產銷階段事業共同決定商品或服務之價格，或限制數量、技術、產品、設備、交易對象、交易地區等，相互約束事業活動之行爲而言。而「勾結」呢?指的是若干公司對於市場措施的一種協議，這種協議要求彼此共同遵守某種默契，通常指的是價格的市場競爭，讓彼此的利潤極大。

撇開老王願不願意漲價這件事不談，你我接不接受漲價這件事，正關係著你我的行爲，也就是說，一定有某種因素使然，讓你我會做出接受漲價與否的決定。

假設老王說：「很抱歉，現在大宗物資都漲價了，基於小本經營反映成本，全面調高價格一成！」

我一定心想，「一成」！不會吧，那就是百分之十，每十元要漲價一元，一杯二十元的豆漿馬上變成二十二元，加上一份燒餅蛋原本是三十元，要漲到三十三元，原本五十元一頓的早餐，現在變成五十五元了！

如果我願意接受漲價的話，那代表我願意多花五元，我可能不會很在意，反正只是五元而已，並不會影響我享用老王早餐的心情。這時候，我的價格敏感度不高，甚至是很低。反過來說，要是我拒絕接受漲價，或者我少買了一份燒餅蛋，那可是代表我的價格敏感度很高，漲價對我而言殺傷力太大。

買東西消費本來就是一種經濟行爲，下回要是你家巷子口早餐店要漲價了，你可以和老闆說，人家對面的早餐店可是沒漲價喔，看他怎麼說！

漂亮的草皮怎麼變成羊腸小徑了？

大學校園裡的草皮

當年在大學經濟系，除了一開始被一堆數學給唬住之外，第一次經濟學和生活行爲扯上關係是在大學一年級上「行爲經濟學」（當年這門課只是用經濟學原理分析行為，與當今的定義不同）這門課時，教授問我們一個看似很無厘頭的問題：「學校的草皮上怎會出現羊腸小徑？」我當下感到很意外，經濟學家也會注意這種雞毛蒜皮的小事嗎？那時候我很好奇，但是又不太敢發問，眼見班上同學也沒人發問，心想，大家的疑惑會不會和我一樣呢？

草皮和經濟學有什麼關係？關於這個問題，眞的是想問，但又不敢問！我想過，檯面下七嘴八舌的解答一定很多，但是沒人說得出來，直在心裡嘀咕不已，這門課怎和經濟學原理差這麼多？我們不是應該研究供給與需求嗎？

但想想，我剛剛有踩草皮來上課嗎？

教授說了，剛開始的時候，學校的草皮的確是綠油油的，但後來有一天，有一位學生因為趕時間，他決定按照三角定理，第三邊遠小於其他兩邊和，勇敢的踏上草皮。

踩草皮的成本

他本以爲「踐踏草皮」是一件罪惡的事，因爲從小老師灌輸他這般觀念，當下他掙扎不已，不穿越草皮的話，上課鐵定遲到，遲到的話，成績就被扣分了。因此，不穿越草皮，他的機會成本是成績被扣分，但穿越草皮的話，他的成本是不道德感。後來他發現，踐踏草皮這個行爲，起初以爲有道德感的問題（道德成本），但事後對

偌大草皮而言的影響卻小到可以忽略（邊際成本過小），所以，既然對草皮沒有影響的話，那麼就沒有什麼道德上的問題了（道德成本為零）。

所以，這位學生的推論如下：

踩草皮↓邊際成本趨近於零↓道德成本趨近於零↓繼續踩草皮

第二天，他還是繼續踩草皮上課。

後來，很多同學都和他一樣踩草皮上課，每個人心裡想的都和那位同學一樣，直到有一天，草皮變成羊腸小徑，同學更名正言順地走過去，因爲沒有草皮了，已經變成一條路，學校只好在小徑上鋪了石塊，以免災情擴大，草皮遭了殃，於是乎草皮從羊腸小徑變成正式小徑。

後來，我終於知道踩草皮的故事原來講的就

是我們學校橫七豎八的羊腸小徑，不過，直到我大學畢業時，我始終都沒踩過草皮，原因是既然前人種樹，後人乘涼，有羊腸小徑可以直通各個學院，我爲何還要踩草皮呢？看起來，我好像是既得利益者，但這時候，我開始懷念起要是學校有一大片綠油油的草皮，沒了礙眼的羊腸小徑，那時候的校園景觀一定相當別致吧？

踩草皮的經濟行爲

這件事情，直到我遇見怡克納米斯時，我又再問了他一次，我把當年課堂上沒問過教授的問題拿來問他，我相信他的答案一定會讓我相當滿意才對。

「每個人，似乎只選擇對他最有利的行爲去做，如果是市場交易，應該是有效率的，沒有涉及公平正義的問題。如果不是市場交易的話，恐怕就不是這麼一回事了。」他這麼說。

「這麼說來，踩草皮這件事是市場交易嗎？」我直接問他這個很嚴肅的問題。

「大學生踩草皮這件事，對他當下其實是有利的，正因爲當下他覺得踩草皮這件事並沒有妨礙到其他人的權益，這些權益就像看起來一片綠油油的草皮讓人心曠神怡的感覺。經濟系的學生比起其他科系的學生，大概在行爲上會比較細膩一些，只不過，這些看起來很細膩的事，有時讓其他科系的學生覺得這群念經濟系的大學生有點過於算計與斤斤計較，到底是誰起了個頭，要經濟系的學生從此念那麼多數學呢？」他繼續說著。

「但這和市場交易有什麼關係呢？」他顯然還沒回答我的問題，老是在經濟學上打轉。

「你忘了過去所學的邊際分析嗎？」他這句話倒是讓我想起過去的所學。

我大概一輩子不會忘記「邊際」這碼子事，但是畢業後會不會用，大概又是另外一碼子事了。邊際在經濟學上應用得相當廣泛，所謂的邊際就是「多出來的那一單位」，這種解釋實在很難想像。

以上面踩草皮的故事爲例，我大腳一踩，對於草皮的損失程度，就是一種邊際成本，意即增加一個單位所產生的成本。每一步踩下去就是邊際成本，也就是說多出了我那一雙大腳，草皮原來是綠意盎然的，卻有可能因爲我那一雙大腳踩下去而蒙受了一些損失，這些損失大概就是多少株草被我踩死了。

他緊接著說：「草皮所蒙受的損失，可能的情況大概有兩種，一種是被踩死了，一種就只是受損而已，這都是我對於踩草皮的邊際成本，而這種邊際成本的損失，草皮不會對你求償。第一種邊際成本比較嚴重，因爲草踩死了，可能就不會再長了，但是對偌大的草皮而言，這幾株被踩死的雜草，大概也只是『滄海之一粟』罷了，邊際成本不至於太大。用數學來看，被踩死的雜草當分子，所有的草皮當分母，答案大概是趨近於零。仿效這種算法，要是草皮只是受損而已，當然幾日後就會恢復原狀，受損的邊際成本比前者更小，當然更趨近於零了。既然踩草皮的邊際成本都趨近於零，看起來踩草皮應該不是一件罪惡感很嚴重的事，而且每一個人踩草皮的邊際成本都幾乎為零，直到最後一個踩草皮的人，因為已經沒草皮可踩，變成羊腸小徑，所以毫無邊際成本可言，當然就是為零了。」

難不成怡克納米斯認為踩草皮是值得鼓勵的事？還是說，因為踩草皮並沒有對其他人造成損失（只對草皮本身有損失），所以是可以容許的事？當我這麼想的時候，其實我又犯了一個錯誤，這個錯誤就是經濟學裡面所認為的「外部成本」。

所謂的「外部成本」是指在生產和消費過程中，並沒有考慮到對社會或是環境所產生的實際影響，而這些影響會產生代價，例如，若燃煤發電釋放到環境中的二氧化硫等汙染物，會對環境和社會產生影響，汽機車排放廢氣也會對環境和社會產生影響，這些影響都會付出代價，然而，社會付出了代價，但在電廠和使用燃料的成本中並沒有考慮這一點。

就踩草皮這件事來論，雖然短時間內看不出來我踩草皮的行為對其他人產生任何影響，但是若持續一段時間觀察，一定會發現我踩草皮這件行爲對其他人產生影響，就是慢慢走出一條羊腸小徑，而這條羊腸小徑破壞了草皮的美觀，也影響了整體美觀與視覺感受，這些影響就會有代價，這就是外部成本。

踩草皮的罰則

一般來說，遏止學生踩草皮的舉措就是設立罰則，或是派人監督學生，避免學生踩草皮，但這效益可能很有限，而且還要付出一些額外的成本。要是建立罰則的話，不是被人舉發就是自首，但看起來舉發同學踩草皮，恐怕不是一件很容易的事，而且需要有莫大的勇氣。但怎麼舉證某人踩草皮呢？要有事證、物證與人證，這對舉發的同學而言，是要額外付出的成本，而自首這件事，基本上是不太可能會發生的事。另外一種方式就是派人四處監督，但是偌大校園要派出多少人監督呢？還是要設立攝影機隨時監控學生踩草皮呢？這恐怕還要額外付出一筆監督成本（指的是契約簽訂後，監督對方是否依約執行的成本，在這裡指的是校規制訂後，監督學生是否犯規的成本），弄不好還會被學生認爲侵害人權呢！

「在大學裡踩草皮這件事，大概和在路上丟垃圾、吐痰、丟菸蒂和吐檳榔渣有點類似，但是這些行為和形象有關係。會踩草皮的學生，不見得就會做出上面這些行為，正因為形象太差，直接影響的就是別人對他的印象，馬上損及個人利益，所以他可能會下意識遏止自己做出這般行為。但其他人會做這樣的行為，顯然對於自我形象不怎麼重視，況且罰則很輕，即使被舉發了，成本也不會太高，更何況被舉發的機會一定不會太高，很難有效遏止這種行為發生。」他倒是很語重心長地說出自己的看法。

亂世用重典好嗎？

「但要是提高罰則呢？」他反問我這句話。

治亂世用重典可能有效，像在新加坡只要是亂吐口香糖，要罰坡幣一百五十元，在中國大陸北京的天安門也仿效新加坡建立罰則，只要被抓到亂吐口香糖，也得開罰約人民幣二十元到五十元不等的罰款，這可能會有點效果，因為這提高了犯罪（如果吐口香糖算犯法的話）成本，當一個人「一吐為快」的代價可能不菲時，會直接遏止吐口香糖這種行為。

「但是，治亂世用重典不見得一定有效。有效的範圍是在小罪上，因為直接提高了犯罪成本，而犯罪者因爲『小不忍』所得到的短期效益，遠低於『亂大謀』所導致的懲罰成本。但極端的犯罪，如殺人、放火與搶劫、綁票，要是都得判處死刑的話，這樣一來，社會成本鐵定會提高，犯罪案件不降反升。正因爲犯罪者死，死對犯罪者而言不是固定成本而是沉沒成本，這讓意圖犯罪者會有誘因傾向於製造更大的犯罪事件。」怡克納米斯一下子把踩草皮的議題轉移到犯罪領域，我也很同意他的說法。

但我很好奇一件事，就是司法界和立法委員有多少人具有經濟學的思維呢？踩草皮的事讓我聯想到一件事，就是一個良好的國民禮儀規範，最好還是養成習慣，建立罰則只是治標不治本的做法，一個國家要是收到的罰款金額很可觀，這個國家大概也不會先進到哪裡。

這般看來，像踩草皮這樣的經濟行爲學問還挺大的，不是嗎？

大哉問，計程車的費率結構

我很少搭計程車，如果可以的話，我大概會選擇搭公車或者是自行開車，要是在臺北市上班，我只會選擇搭公車和捷運。但是搭計程車有兩個好處，一個是隨招即來，不用等太久，尤其是下雨天的時候，計程車司機的生意顯然特別好；另一個好處就是可以了解司機的百態，上車無聊時，就和計程車司機天南地北的聊天，這當然算是一種人生經驗的收穫。

二十年前在臺北內湖科學園區上班時，除了每天靠兩條腿走路上班之外，幾乎都得靠計程車到客戶處拜訪，計程車當然是除了兩條腿之外最好的代步工具。比較重視環保的朋友曾經這麼問我，我一天當中製造了多少二氧化碳？我當然沒有任何答案，更精確一點，我並不是很清楚碳交易的眞實內容，我只知道我的時間機會成本[2]相當高，如果我選擇搭公車，因爲時間花得多，我可能就得少安排一場商務會議，很顯然地，就會損失一些商業機會，我老闆鐵定不會讓這種情況發生。

計程車司機的生意變差了

在臺北市以開計程車爲生的司機朋友有些是臥虎藏龍，各行各業都有，只不過因爲景氣或者是工作的關係，有的專職開計程車，有的則是業務員兼職，收入大概都差不多，原因無他，臺北市的計程車眞的太多了，多到讓大家的收入都變少。這種收入變少的現象，表現出來就是出現空車的機會變多了，而載到乘客的機會變少了，計程車司機朋友得苦哈哈地過日子。

尤其是這幾年，臺灣的景氣變差，大家的工作收入並沒有顯著成長，也就是說，大家口袋裡的閒錢較以往變少了，只好撙節一下開支，選擇少搭計程車，加上這幾年油價猛漲，計程車這個行業當然受創很深。

有一次，我在路上遇見我那位好朋友秉良師怡克納米斯，碰巧他也正在等計程車，我很好奇地問他，搭計程車很貴啊，爲何不搭公車呢？他的答案令我相當噴飯，「我的演講費更貴！」他一口氣這麼說。

的確，他的演講費有點貴，三個小時的演講費大概是我一週辛苦工作的收入，對這些只動口不動手就有收入的人來說，我的確有點眼紅，所以他捨得花計程車費，或許還是主辦單位幫他付的交通費。而我呢，除了出差開會之外，我大概得乖乖的搭公車和捷運，計程車還是少搭爲妙，畢竟，怎可拿收入開玩笑呢？

眞不愧我們是穿同一條褲子長大的老友，他可是看穿我的心事，就這樣我們搭同一部計程車，而他請司機把我載到離宿舍最近的捷運站下車，讓我省了一段公車費。（不是省了計程車費喔，因為我的選擇是搭公車而不是計程車，所以我搭順風車，省了一段公車票，當然還節省一些時間。）

計程車的費率怎麼設計的？

在車上，我又忍不住疑惑問了他一件事，有件事我很不明白，在大衆交通工具裡，只有計程車是有基本費和跳表費的設計，爲何火車、公車和捷運都是以距離長短來訂價，而不像計程車還要加個基本費呢？關於這點，總是令人費疑猜！

「計程車的費率，其實是一項很有意思的設計，整個費用是由基本起跳費用加上隨公里數增加的費率所組合而成的。以十年前臺北市的計程車費率爲例，我要是招了一輛計程車打算從內湖到館前路的話，依據經驗大概是二百四十元左右，其中起程的基本費是七十元，可以跑一．五公里，爾後每三百公尺跳表五元，延滯計時每兩分鐘五元。掐指算了一下，從內湖到館前路大概是十公里左右，對計程車司機而言算是不長不短的一段路，司機可能會選擇從市民大道下，也可能選擇從大直走中山北路，反正可選擇的路程不只一種。我習慣走市民大道，因為花的時間最短，但是可能會塞車，不管如何，司機和我的決定通常是一致的。」怡克納米斯慢慢地分析給我聽。

怡克納米斯只解釋了費率的組合，但是卻還沒回答我的問題。

我回了怡克納米斯：「市民大道容易塞車，這大概是很多住臺北市的人都有的經驗，為何總是塞車呢？這不外乎是大家一致公認市民大道是一條不錯的交通幹道，也讓用路人省了很多時間，因此，大家有志一同，心照不宣，上下班尖峰時刻塞車總是難免的問題。」

司機顯然很同意我的看法，哪個路段會不會塞車，相信計程車司機了解的程度一定比我們還清楚，這種經驗可是每天在路上奔波十幾個小時所得來的。

怡克納米斯接著說：「不過呢，塞車這件事，不管對誰而言都是一種資源浪費，別以為搭計程車碰到塞車的話，對計程車司機而言一定是最樂的時候，其實呢，一點也不。計程車司機和你我一樣都不喜歡塞車，而且也不會因為塞車多賺幾塊錢的延滯費而高興得不得了，反過來他卻要憂心忡忡，因為塞車可能讓他少賺好幾趟的車資。」

關於這點，我就有點疑惑了。基本上即使是塞車，計程車還是會繼續跳表，但是跳的是延滯費，司機還是有收入啊，怎會不樂意呢？

這時候司機大哥說話了，他認爲怡克納米斯說的是事實，司機的確不喜歡塞車，正因爲塞車並不會讓他們賺更多的收入。塞車對司機而言是一件很倒楣的事，一來耗油，二來還浪費時間，這兩個因素都直接減少計程車司機所賺的收入，因爲塞車的時間，司機大哥就損失了其他可以載客的機會。

經計程車司機大哥這麼一提醒，我倒是有點豁然開朗，想不到怡克納米斯沒開過計程車，見解倒是和計程車司機差不多。我始終認爲延滯費對計程車司機而言是一種收入，卻沒料到這可能只是一種在計程車司機很倒楣（如塞車）的情況之下所提供的一種補貼。因爲不管計程車有沒有在移動，只要一上車，我就開始享有計程車司機的服務，這些服務包含可以聽音樂和吹冷氣（後者尤其重要），而這些服務則都和時間有關，要付費也是合理的。

解釋一下「補貼」在經濟學上的意思。

在經濟合作與發展組織（ＯＥＣＤ）的定義裡，所謂補貼就是政府實施的措施，使得消費者與生產者面對的財貨價格低於市場價格，或生產成本高於市場價格，或政府以直接、間接的方式支援消費者或生產者，讓消費者或生產者降低成本、增補所得，以達到各種不同的政策目的。在計程車的例子裡，延滯費對司機就是一種補貼，也就是說，透過延滯費的補貼，讓計程車司機可以繼續提供服務，因為在塞車期間，計程車司機的服務成本顯然過高，而且塞車期間的機會成本就是正常行駛的收入，而設計延滯費可以降低計程車的服務成本，增補所得。

那麼，計程車的費率設計又是怎麼一回事呢？

「假設你今天從臺北車站捷運站出來，你打算到國道客運總站搭巴士，雖說路程不遠，走過去的話，約莫十五至二十分鐘大概就可以走到，但你可以選擇招輛計程車過去，因為距離不遠，車資大概就是起跳價八十五元而已。於是乎，你攔了一輛計程車，和司機說你要到國道客運總站，司機大概只有兩種選擇，一種是願意載你過去；一種就是面有難色地說抱歉，不過，我想大部分的司機應該會載你過去，而不會拒載短程。換個方式講，要是司機和你可以選擇費率的話，而且要一致同意才行，情況會怎樣呢？」怡克納米斯正就費率的問題提出他的看法，我正巧瞥見計程車司機也正用心聽他的解釋。

他緊接著這麼分析：「第一種費率是這樣，沒有起跳價，每二百公尺跳表五元；第二種費率是正常費率。你要是想選擇第一種費率，對你而言應該是最好的，因為你盤算過，了不起這點距離大概一．二公里左右，所以計程車費大概是三十元。但是，計程車司機一定不同意，因為他的最佳選擇是第二種費率，這樣他可以賺八十五元，比第一種選擇多賺五十五元。第一種選擇很顯然大家都不同意，所以計程車司機不會想載短程的客人，短程的客人只好走路或是搭公車，此外別無選擇。所以說，起跳價的用意在於怕計程車司機拒載短程，這樣一來，即使再短的距離，從一．五公里到一百公尺的要價都是八十五元。」

費率的誘因

經他這麼一說，我才想起有一次，我從臺北車站出來之後，想到國家劇院聽個歌劇，打算搭計程車過去比較舒服。這和上面的模式一樣都有兩種選擇，但是司機知道這段路大概有四．三公里，而我卻不知道，這樣一來，我不是很容易就推算出來哪種費率方案對我比較有利？

我要是選擇第一種費率，只要花二百零八元左右。若我選擇第二種費率，我大概得要花一百六十三元，這比第一種費率貴上許多，至少貴了五十五元以上，只不過這是事後諸葛而已。

我把我的經驗告訴怡克納米斯，他倒是覺得我已經慢慢進入問題的核心。他笑著說：「你第一次若是選擇第二種費率時會覺得比較貴，下一次你想選擇第一種費率，心想應該會比較便宜。不過別忘了一開始的假設，司機知道這段距離是四．三公里，你並不清楚從臺北車站到國家劇院的距離是多少。於是乎司機開始盤算，要是他選擇第二種費率，他可以賺一百六十三元，要是按表收費的話，照里程數大概只能賺二百〇八元，司機反而少賺了五十五元，於是乎司機可能選擇載你多繞一些路，最後的跳表價一定會在一百六十三元以上。」

「怎麼會這樣呢？」我和計程車司機異口同聲的說！

「其實，計程車的費率本來就有其特性存在，起跳價基本費這種特性就是防止計程車司機拒載短程和防止繞遠路的設計。有了基本費的設計，就可以防止拒載短程，這是一件很簡單的設計，但是防繞遠路說起來就比較複雜。簡單來說，要是司機想繞遠路的話，他的收入是每二百公尺五元，但是，他可能喪失多跑幾趟短程的載客機會，這些短程的載客機會有可能都是二到三公里左右，起跳價當然會高於基本跳表費率，這樣計程車司機的收入會比繞遠路來得好。於是乎，司機若是採取繞遠路來欺騙你的話，這當然是項不智之舉。說到這裡，其實反映的就是計程車司機『時間就是金錢』，塞車對他們而言絕對沒有任何好處，只能收到每一分鐘五元延滯費的代價作爲補償而已，卻可能少掉很多載客機會。」怡克納米斯一口氣把結論說完。

我和計程車司機互相望了一眼，沒想到一個看似簡單的問題，經怡克納米斯這位老兄一講，頓時變得有點學問，也有點複雜。這趟順風車（也是搭便車）看起來收穫還是不少，我想收穫最大的應該是那位計程車司機，他大概沒料想過，成天爲伍的計程車，原來藏有高深的經濟理論（其實呢，一點都不高深）！不曉得他聽不聽得懂怡克納米斯的分析？但我覺得，他的體會應該會比我這個窮酸小子（因為搭便車）來得深刻一些。

司機也是經濟學家

有一次，一位司機告訴我，他的載客率會在每個月第五日達到最高峰，然後逐漸遞減，在月底的時候是最慘澹的日子，而離五日最近的週末，生意會出奇地好。關乎這點，一方面讓我有點糊塗，另一方面讓我有點驚訝，難不成這位司機是個深藏不露的統計學者或經濟學家嗎？（還是又是另一個怡克納米斯上身了呢？）

司機不愧是司機，載過形形色色的乘客，原來每月的第五日幾乎是各行各業的發薪日，那一天當然上班族的手頭是比較有錢的，要是發薪日碰到週末或是可能提前發薪的話，很多上班族都會去狂歡一下。由於大家那一天相對比較有錢，所以，就會多搭計程車，當然計程車司機的生意一定比較好，然後逐漸遞減。

另外一次，我問司機現在汽油都在漲價，為什麼計程車費率和起跳價沒漲呢？一位司機回答得很無奈，因為這幾年國內景氣普遍不好，上班族的收入沒明顯的起色，很多人都改搭捷運或公車通勤，加上一堆人改行開計程車，載客的機會本來就少，又擔心一堆人來搶飯碗，萬一調漲費率，恐怕沒人敢搭計程車了，還是不要調的好。更何況景氣不好，只好用時間換金錢，每天開車的工作時數，從八小時到十小時，到現在超過十二個小時，眞是生活的悲哀！

原來，我這窮酸小子的選擇，也會影響到計程車司機的生計。

要是臺北計程車的起跳價格調降一些，會不會增加一些短程載客的生意呢？下一次搭計程車時，我得好好問一下司機朋友，或許，我在這個題目上會得到比怡克納米斯更多的看法也說不定。而計程車司機這個行業，幾乎是社會底層的服務業，只能靠勞力和時間賺錢，沒有機會財，想不到卻是不景氣之下受傷最深的一族，眞是為他們感嘆萬分啊！

一杯咖啡的價格

你可能會很好奇，爲何兩個大男人會逛街？如果說是爲了了解經濟生活，這個答案不曉得有多少人會接受，但這不是本文的重點。

喝咖啡聊是非的效用

有一次在街上和怡克納米斯逛街，我們找了一家小咖啡店坐了下來。這家咖啡店生意眞的很不錯，咖啡口感不輸傳統咖啡店，而且這家店標榜平民價格與國宴級的品質，看起來我們兩個人在此喝咖啡聊是非的效用不比一般傳統咖啡店差。這也是我們目前最佳的選擇，一來不必花費太多；二來一樣可以觀察經濟生活，所以聊起是非和八卦，滿足的程度的確比以前增加不少。

等等！喝咖啡聊是非也有效用？非也，我們的意思是這杯咖啡的效用值不比高價咖啡店差，反正都是聊是非。我記得經濟學上的「效用」（utility）指的是一個人從消費財貨或勞務中得到的滿足程度或是愉快的程度。經濟學家認為，效用不是財貨或者是勞務本身自己的特性，而是從使用中得到的滿足和愉快的程度。雖然我們喝的是廉價咖啡，但我們得到的滿足和愉快程度不會比較差。

這種便宜的咖啡標榜的就是速食，有些消費者寧願捨棄傳統咖啡店那種坐在咖啡椅上緩慢啜飲咖啡的高級享受，換來一杯品質沒什麼差異，但是價格卻可以便宜一半的速食咖啡，市場區隔很快地把這兩類消費者區隔開來。然而，並不是說這兩類消費者都是死忠地選擇他所選擇的咖啡店型態，而是說在主要的選擇上，這兩類咖啡的消費者可以被區隔開來，一類的消費者喜歡坐在咖啡店裡享用比較高價的咖啡，另一類消費者則是喜歡街頭式的咖啡，價格便宜但品質穩定，又可以外帶。

咖啡價格的分歧

既然，喝咖啡又聊到咖啡市場，這種巷子口的飲料，大概不會有什麼商業機密吧！反正就是低價、高品質和快速這三種不二法門而已。但在臺灣的都會區，街頭巷尾都會看到咖啡店，咖啡文化很快地席捲整個都會生活圈。看看上班族，如果手上沒拿上一杯咖啡，恐怕眞的不像是個上班族，咖啡文化可以說是一種都會白領上班族的代表性飲食文化。

怡克納米斯說：「想喝高檔的，大概不會在街頭巷尾出現！」他這句話倒是讓我覺得很熟悉，意思不就是說明精品店不會在巷子口「單獨」出現一樣。就像以前臺北市忠孝東路附近的巷子裡，經常可以見到很多精品店，因爲在地理上鄰近且交互關聯，具有共通性和互補性，以至於相連結產生群聚效應。經他這麼一說，我覺得咖啡的價格出現兩種分法，一種就是一百五十元附近的價位，另一種就是三十五元附近的價位，這兩種價位最常見，也最容易被接受。

咖啡的定價爲何是三十五元以上？這是個疑問！對我來說，咖啡就是咖啡，只是提神飲料而已。

我顯然太看輕怡克納米斯對於咖啡的觀察，「要是一杯咖啡只賣你十五元，你要喝便利商店的鋁箔包咖啡呢，還是現煮咖啡呢？」他給我這個選項，要我回答。

簡單來說，要是品質都是一樣的，兩種選擇對我而言都是無差異的，要是現煮咖啡品質比較好，我當然是選擇現煮咖啡，這個問題對我而言有點太過直接，而且簡單。

怡克納米斯接著說：「我們都知道現煮咖啡的品質當然勝過鋁箔包咖啡，所以要是現煮咖啡和鋁箔包咖啡價錢一樣時，你會不會懷疑現煮咖啡的品質有問題呢？」

經他這麼一提醒，我們的確習慣現煮咖啡就是高價（相對於鋁箔包而言），一杯十五元的咖啡，會讓人懷疑品質的問題（這和品質無關）。

「如果你覺得以前的現煮咖啡太貴，而鋁箔包咖啡品質太差，如果有一種咖啡，價格介於傳統現煮咖啡和鋁箔包咖啡之間，當現煮咖啡價格每降一元，你的意願會變化嗎？」怡克納米斯這麼問我。看起來他的意思是要我依現煮咖啡的價格一單位一單位慢慢地進行邊際分析，照他這種說法，現煮咖啡價格一定會降到某個程度時，我會願意多消費，或者說只要高於鋁箔裝咖啡一定的價錢，我也會願意多消費現煮咖啡。於是乎，在品質不變的假設上，這個價錢的區間帶，消費者會願意多消費現煮咖啡。

我終於知道爲何怡克納米斯說三十到八十元這個價格的區間帶，會出現在街頭巷尾咖啡店的定價當中了。

咖啡與空間

賣咖啡是一個很好的市場，這家咖啡店行銷搞得不錯，所以現在努力開店，加盟金也漲價了，看起來獲利不錯，我得問問怡克納米斯的看法如何。

「有時候，念經濟學的人講話就像講火星文一樣，或者是文章寫得像火星文一樣，即使是我，我也很堅定地相信，經濟學家講的話和寫的文章，大概也只有火星人聽得懂、看得懂。因為我不是經濟學家，所以語言能力有限，大概也不會講火星文。」他用簡單的英文這麼回答我，這句英文不太難，也沒摻雜火星文，想必他認為我還能夠聽得懂吧！他這番打趣的說明讓我覺得還好我不用移民到火星去，但是他好像還沒提到重點。

「我記得詹宏志在他的《城市人》這本書中提到，你在鬧區的轉角，摩天大樓的地面樓層，找到一家面積不大的咖啡店。它裝潢精緻小巧，惹人喜愛；服務有特色，咖啡香醇獨到。即使某天你遠離居住的城市千里之遙，有一個晚上突然會回想到那個乾淨、明亮的角落，覺得城市是你的家。」怡克納米斯引用詹宏志的論點，咖啡店經營的就是空間感覺的說法。

他緊接著說：「所以，我這樣認為，咖啡賣的是感覺，什麼感覺呢？就是空間的感覺，文化的感覺。咖啡只是感覺的引子，沒了手頭上那一杯咖啡，空間的感覺就有點失落，至於到底是喝卡布奇諾，還是拿鐵，只是個人的口感不一罷了！今天喝一杯咖啡，買的是一份感覺，而不是咖啡本身，那一杯咖啡只是空間的一種感覺輔具，就像你在落地窗前凝視街上熙攘的人群時，手上那一杯熱咖啡正是你感覺的觸媒一樣。」我很訝異的是，怡克納米斯這種成天只會把經濟術語掛在嘴邊的人，竟然還會引用詹宏志的一段話（其實詹宏志也是臺大經濟系畢業），什麼時候他這麼有文化素養，這就讓人嘖嘖稱奇了。

或許，我應該找間空間感不錯的咖啡店，拎上一本書，想像我是當代文青的那種優雅感覺。這樣我才知道，怡克納米斯所言空間的感覺到底是何物？而我願意爲這個空間的感覺支付多少代價？當個優雅的文青，這個感覺不錯！

他這個觀點很明白地點出，你今天在義大利喝一杯Espresso咖啡，或者你在法國左岸喝一杯拿鐵咖啡，和你在街上買一杯三十五元咖啡比起來，差異絕不會太大，因爲那只是一杯提神飲料而已，這和去便利商店買的罐裝咖啡比起來也是差異無幾，差異點只有是不是現煮而已吧！

我終於了解，不在咖啡店裡喝咖啡，少的是喝咖啡的文化以及喝咖啡的空間享受。話說回來，你今天買的那一杯咖啡，買的除了是一杯咖啡的價值之外，你享受的還有空間所帶給你的感覺價值，而我相信，今天知名咖啡館之所以能夠知名與歷史悠久，除了甘醇的咖啡之外，最重要的是吸引你的那一份感覺啊！

咖啡價格的祕密

這樣看起來，一杯咖啡的價格，眞正是用來買咖啡的錢，大概只占這一杯咖啡的一小部分。因此，你有可能花了很多不是這杯咖啡的錢，但是你買了什麼呢？你大概買了感覺和空間。

關於咖啡的價格，在提姆．哈福特（Tim Harford）所寫的《誰賺走了你的咖啡錢》提到，經濟學教授麥克曼納斯（Brian McManus）就曾經指出，一杯咖啡的價格大概是成本的百分之一百五十（我覺得他應該講的是，一杯咖啡的售價，多出成本的一．五倍才對），於是乎，一杯成本才四十美分的咖啡，可以要價一美元，而成本不到一美元的小杯拿鐵，卻要價二．五五美元。

這樣算會比較清楚，假設一杯美式咖啡的成本是十四元，這杯咖啡可能會賣你三十五元，咖啡店的利潤是二十一元。於是乎，咖啡店賺走你的二十一元，可能會拿來支付店租、水電和員工薪資等等費用，剩下的錢才會進老闆的口袋。

空間感與咖啡價格

照理講，既然一杯咖啡的成本只是幾塊錢而已，爲什麼咖啡店要賣你這麼貴的價格呢？我問了怡克納米斯，看看他是否提出什麼新鮮的看法。

「你可以這樣說，我享受的空間感覺是要付費的，這樣的說法我可以接受，要是我去法國左岸，我想我一定會去喝上一杯咖啡，再慢慢欣賞巴黎塞納河的風光。我覺得既然我已經到了巴黎，我應該去塞納河畔走上一遭，再品嚐一下聞名已久的左岸咖啡，因此即使一杯咖啡要價五歐元，我大概也不會皺一下眉頭，原因無他，巴黎塞納河的左岸咖啡和風景對我而言的獨特性和唯一性，讓我願意打開荷包。」他一下子把場景拉到法國左岸，顯見他眞的很想去左岸喝咖啡，他把經濟學裡「地租」的觀念，用咖啡店的例子去詮釋，還眞是貼切。

他緊接著說：「我可能不太願意在高雄愛河邊上花一百五十元喝上一杯咖啡，但是我卻願意在左岸花上四歐元喝一杯咖啡，撇開咖啡的原料成本不談，這兩杯咖啡雖然等價但卻不等值。很多人遊法國回來都會說左岸的一杯咖啡眞是昂貴，有的要價一杯四歐元，然而不太會有人抱怨這杯咖啡賣得太貴，原因無他，左岸的咖啡對我們這些人而言具有某些特殊性，這種特殊性一定要到左岸才體會得到，別無他法。此外，也具有唯一性，因爲全世界就一個左岸咖啡。」

怡克納米斯繼續解釋「地租理論」：「地租理論是經濟學家李嘉圖所提出的，其原理是良田所種植的農作物必須要有生產價值，而擁有良田的地主才可以收取高額的租金。也就是說，不是因爲咖啡店的店租貴，所以賣的咖啡價格較貴，而是因爲消費者願意在某個地點上以高價購買咖啡，所以可以收取高額租金。」

「話說回來，爲何我不太願意在愛河邊喝一杯要價一百五十元新臺幣的咖啡，套句上一段的話，愛河咖啡對我沒有獨特性，雖然愛河只有一條，但是愛河離我太近，我有可能經常路過，所以我不太願意花這一筆錢。但是，每個人的偏好就是不同，還是可能會有人願意在愛河喝一杯很貴的咖啡，這或許對他而言也具有獨特性和唯一性吧！」我同意他的看法，在愛河喝咖啡的感覺當然不能和在法國左岸相提並論，不是因爲愛河不適宜喝咖啡，而是在愛河喝咖啡對某些人而言並不具有「唯一性」和「獨特性」罷了。

不過呢，你也許會有疑問，住在巴黎的人不也是經常喝左岸咖啡嗎？左岸咖啡對他們而言不也是沒有獨特性和唯一性？獨特性和唯一性不但是存在於實體的空間，心靈的空間也可能一樣具有這兩種特質，這樣的結果可能會讓獨特性和唯一性更加強化也說不定，這種心靈上的享受就很難計價了。

混淆的咖啡定價

我還是很好奇一點，爲何咖啡店老闆不把外帶咖啡算便宜一點呢？走過街上，你可以細數街上有幾間咖啡店，這些咖啡店到底有哪些差異性呢？整體上的價格大概差不多，但是，內用和外帶的價錢，你會發現都是一致的，這點讓人很疑惑。

怡克納米斯這麼認爲：「照理說，咖啡店應該把外帶咖啡賣便宜一點，這樣一來，營收應該會更好一些，這可能會吸引一些喜歡喝便宜咖啡的人消費，但是這也有點風險。同樣的咖啡卻賣兩種價格，會讓價格訊息曝光，在裡面喝咖啡的人會知道原來一杯咖啡裡頭還是有差價的，價格訊息曝光會讓咖啡店老闆很在意，這樣一來，一杯咖啡的價格就失去了神祕感，最好的方式當然就是繼續神祕下去，不管外帶內用都是同樣的價錢，這對外帶的消費者而言當然不公，但這是不得不的選擇。」

話說到這裡，既然一杯咖啡的成本都差異無幾，怎麼咖啡店的價目表上價錢差這麼多啊？

最便宜的可能就是美式咖啡，反正就是濃縮咖啡加熱水而已，但拿鐵或者是卡布奇諾和摩卡就貴了很多，這又是怎麼一回事呢？

「很簡單，咖啡店只不過是把咖啡差異化而已，提供不同的加味咖啡給不同人喝，這只是讓咖啡的價格資訊更加模糊而已，這樣一來，不同口味的咖啡當然就會吸引口味需求不同的消費者，老闆口袋裡當然還是飽飽的啊！」怡克納米斯笑著說。

經他這麼提醒，我才知道爲何我們都喜歡選擇美式咖啡，一來我們想享受現煮咖啡的美味；二來又不願意付太多費用，我們可眞是理性的消費者啊！

內鎖的忠誠

臺灣的星巴克咖啡經常會不定期舉辦買一送一的活動，《非凡新聞周刊》在二〇一一年二月二十七日的第二百五十四期一篇〈利用數字遊戲玩行銷「價值的錯覺」吸客飆買氣〉的文章中，記者專訪我有關星巴克買一送一的活動，我就提出不定期的買一送一活動，並不會傷及品牌的優質形象，卻能讓忠實顧客感到驚喜，心中有期待，會持續地注意星巴克的活動，持續保持關係。

買一送一除了可與熟客保持關係，商家付出的成本、減損的毛利其實沒有想像中多，因爲一杯咖啡的成本大部分來自如機器、空間裝潢等固定成本，而店員的工資都是固定的，所以第二杯的成本只剩下物料、調味料如咖啡豆、牛奶，但那些卻只占總成本很小的一部分。

星巴克不定期的買一送一活動，當然是一種對熟客的促銷，邊際上只消多付出一點原料成本，就可以換到忠實消費者滿溢的效用。

若是換成咖啡漲價，後果又會如何？就在二〇一一年十月初的時候，現煮咖啡的超商通路，主張因受鮮奶漲價影響，全家、統一及萊爾富都調漲現煮咖啡價格，含鮮奶類飲品均調漲五元，連統一星巴克也將含奶咖啡飲品一律調漲十元，不含奶的咖啡則調漲五元。

消費者憤慨的原因在於，一公升鮮奶漲六元，且國際咖啡豆價格也調降了，爲什麼臺灣的超商和星巴克咖啡要調漲價格呢？而且是大家一起漲！大家好奇的是，難不成一杯咖啡加了一公升的鮮奶嗎？

其實，價格的訂定乃是自由市場的價格機能，政府當然不必置喙，但好幾家連鎖咖啡業者一起調漲，以政府的眼光來看，當然懷疑必有文章。照理說，業者漲價，消費者可以少喝一點，但奇怪的是，咖啡漲價後，超商咖啡的營業額竟然不受影響，於是，有媒體指出，就是「便利」這件事讓消費者入了套，咖啡漲價，消費者只好默默接受。

在一連串的咖啡漲價後，有消費者發起拒喝超商咖啡運動，問題是消費者的抵制運動可以撐多久呢？從Google Insight（搜尋透視）中可以略知一二，以「咖啡漲價」爲關鍵字進行統計，在超商咖啡宣布調漲價格之後，九月底至十月初的搜尋熱度急速飆漲，但在十一月十二日之後竟然迅速落底，持續時間大致爲六週，代表這段時間之後，咖啡漲價這件事似乎已經被消費者淡忘了。

消費者發起的拒喝超商咖啡運動，其實也沒持續多久就落幕了。在自由市場中，消費者要堅決抵制，也許會出現一些效果，但一定要抵制得夠久、人數夠多才有用。消費者抵制連鎖咖啡，主要是讓需求急速降溫（其實降溫的程度很低），事實上，對業者的營收殺傷力有限，但抵制喝鮮奶，酪農相對是弱勢，卻被夾殺，因爲食品業者的產品範疇大，單一產品被抵制對整體營收的影響有限，但酪農的生計恐怕就會出現問題了。然而消費者的抗拒活動，本來就是一盤散沙，要聯合起來的強度與可能性就不高，在產業經濟理論中，消費者的議價能力要對廠商產生一定的壓力，範圍一定要大，人數要夠多，持續的時間要夠久，才能發揮一定的議價能力。

至於超商咖啡漲價，消費者對於價格的知覺能力爲何這麼低？以致超商完全無感於消費數量有所減少。我想可能的原因在於消費者習慣使用儲值卡，引發邊際消費成本爲零的錯覺。正因爲使用儲值卡消費，消費者僅會在儲值的時候，才會感受到付費效果（像悠遊信用卡使用自動儲值的功能，感受更低），而在儲值後每次消費的感受類似免費效果，因此產生了知覺扭曲。這種知覺扭曲換得的是忠誠消費，這種忠誠消費的背後產生原因就是消費者被「套牢」與「內鎖」，最後只交換到儲值消費後微薄的紅利點數罷了。

星巴克拿鐵的祕密

至二〇一七年，星巴克來臺灣已經是第十九年了，這其中經歷了亞洲金融風暴和金融海嘯，在網路興盛的.com時期，也培養了一群鐵粉，一杯咖啡的價格竟然有很多人在意，也曾是經濟學家研究的對象。

星巴克外帶與內用咖啡只有一個價格，如果外帶就平白損失空間感的價值。星巴克當然也不會使用「差別定價」這種方式讓外帶咖啡便宜一點，因爲這會讓溢價的內容曝光。

從行銷角度來論，「雙尾美人魚」的「符號價值」對星巴克鐵粉而言絕對是「剛性需求」。就在星巴克自二〇一七年二月調整二十九款飲品價格後，一至五月獲利較二〇一六年佳，證明一百二十萬名會員仍支持。若以經濟語言詮釋，星巴克鐵粉的剛性需求絕對是甚低的「價格彈性」（即價格調漲不影響消費量），代表即使整體價格調漲百分之八，鐵粉仍不爲所動，因爲星巴克「雙尾美人魚」的符號價值絕對會讓鐵粉忘記一杯咖啡的價格。另外，還要加上儲值卡的「魔力」。鐵粉使用儲值卡，儲值後的消費對於消費者而言，會誤以爲每次消費都是免費的。簡單來說，消費者在儲值的當下，不管儲值多少錢都已經是「覆沒」了，以至於每次消費都會誤以爲是免費的，於是乎就被「內鎖」，並創造出所謂的消費者忠誠。

最近網路盛傳一篇日本一名星巴克前員工的爆料——「在星巴克點中杯的是絕對蠢貨！」的評論，引來大批網友熱烈討論，到底在星巴克應該怎麼點拿鐵咖啡？

根據星巴克官網的資料顯示：

- 熱拿鐵（小杯），咖啡因一百一十毫克，一百一十元。
- 熱拿鐵（中杯），咖啡因一百一十毫克，一百二十元。
- 熱拿鐵（大杯），咖啡因一百八十二毫克，一百三十五元。
- 熱拿鐵（特大杯），咖啡因一百八十二毫克，一百五十元。
- 濃縮咖啡（Solo），咖啡因九十八毫克，八十元。
- 濃縮咖啡（Doppio），咖啡因一百九十五毫克，九十五元。

上述內容印證前述爆料，但實際上根本算不上爆料，因爲官網上寫得很清楚，純粹論咖啡因的話（只是想提神，享受空間感），最省錢的方案就是點濃縮咖啡，對照拿鐵可以省下三十元到五十五元。若只是想加味成爲拿鐵，小杯和大杯熱拿鐵也是一個方案。

但經濟學的訓練告訴我可以這樣設計：

- 去便利商店買一小瓶鮮奶（約三十五元）微波加熱，慢慢搖晃走到星巴克
- 點雙倍濃縮咖啡。
- 和店員多要一個空杯。
- 與熱牛奶（已經搖出些微奶泡）結合之後，分成兩杯中杯熱拿鐵。

精算一下心裡的價值等於二百四十元（兩杯中杯熱拿鐵），僅花費一百三十元（一盒鮮奶與濃縮咖啡），我的消費者剩餘爲一百一十元。還是我的「巷子口經濟分享杯」最便宜！（享有百分百鮮奶與星巴克咖啡及空間感）

於是乎，我多了一杯中杯熱拿鐵，誰要陪我喝呢？

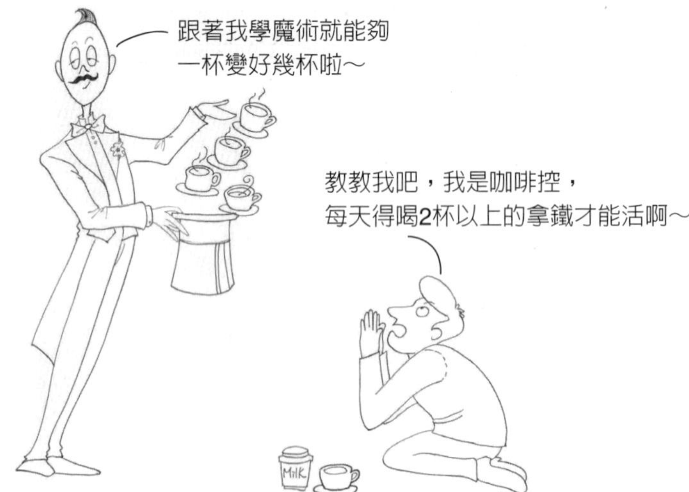

「刈包」店的消失

刈包不見了！

大學年代，吃不起麥當勞的大麥克，學校後門的刈包就是一種不錯的選擇，一份刈包夾個荷包蛋和豬肉片，灑些花生粉，這樣的效用不輸在麥當勞裡啃漢堡，就只差沒冷氣可吹，沒座位可坐而已。

有一天，我發現下班路上的刈包店突然間消失了，這是怎麼一回事呢？

刈包在臺灣是一種相當庶民且發源自福州的小吃，也被稱作「虎咬豬」，在南部的一些婚宴場合經常吃得到，很像是臺灣的漢堡。拜網路之賜，可以在維基百科找到對於刈包的解釋：

割包（亦作刈包，白話字：Koah-pau）。爲一種發源自福州的小吃。割包以長橢圓扁形麵團皮，對摺起來包覆餡料。傳統餡料通常不外乎片狀五花肉、酸菜、花生粉及香菜這幾樣，也有爲了健康因素以瘦肉代替五花肉的。因爲其形狀及內餡，所以在臺灣亦被稱作虎咬豬。

直覺猜想，難不成是交通動線改變的結果嗎？

交通動線的改變，會影響一個地方的經濟生態。如果交通動線消失呢？某個產業也可能因此消失。彰化市彰南路上刈包店就是一例，而且早已消失，如今只剩孤伶伶的招牌而已，早已失去昔日門庭若市的盛況。

彰南路上的刈包

在彰化市的彰南路一帶，過去幾乎整條路都在賣刈包和楊桃汁，至於爲何選擇在彰南路上賣刈包，賣了多久時間，這已經不可考。也許過去彰南路是彰化往南投的交通幹線，當年這條路上車水馬龍，賣起刈包可能是因爲遊客求方便，還可以邊吃邊開車，店家當然不用設店面。

我發現只有往南投方向有賣刈包，但往彰化的方向竟然不賣，這點讓我百思不得其解？我曾想過最好的理由是，因爲從彰化方向過來的人通常是觀光客，從彰化或烏日交流道下來後，經常是經彰南路到南投一帶的風景區，一路上販售的刈包可以解解饞。但回程之後，大家已經玩得筋疲力盡，上車就睡覺了，當然不會想吃任何東西。

我覺得這個理由很充分，因爲在彰南路上南

下的方向賣刈包，北上的方向卻是遊覽車休息站，這讓觀光客可以買些當地土產回家。

刈包招牌的競爭

我會發現這個現象，正是因爲我經常要往返臺中和南投，有時候路上想解饞，買個刈包加上一杯楊桃汁是最好不過又方便的選擇。

剛開始，我甚至不知道要買哪一家的刈包，正因爲刈包在彰南路上沒什麼特殊性，價格又差不多。後來我發現只要立個「古早味」和「十年老店」的招牌，生意就會出奇地好。於是乎，其他人也陸續跟進，「二十年」和「三十年」老店的招牌都出現了，更絕一點，招牌不只掛在牆上，還會「走路」到前一百公尺、兩百公尺、三百公尺之遠，遠遠就昭告刈包店快到了，還可以免下車服務。

但是這種招牌效果過了一陣子就失去新意，要是只憑N年老店的招牌就可以大肆招攬生意的話，顯然第一個立招牌的人最爲吃虧，因爲他只立了「十年老店」而已，早知道應該立個「百年老店」才能一勞永逸，但這也誇張過了頭。看起來立了招牌的效果，顯然和沒立招牌的效果差不多。

但怡克納米斯可不太同意，就他的看法認爲，一開始第一個立招牌的人還是有些正面效果的，正是因爲有招牌（如十年老店），讓遊客可以在第一時間就知道這家店的存在，在行銷上就形成一種差異化的現象。當然，其他刈包店也會觀察這家店的情況，他們會發現立招牌對刈包的銷售量有正的邊際影響，也會模仿第一家店掛起招牌，慢慢的，大家的招牌都掛上去了，消費者反而無從辨認，導致銷售量和之前比起來差不多。

要是第一家店的位置，剛好是在彰南路上的第一家呢？顯然占盡地利之便，加上廣告的效果，可謂是如虎添翼。但是刈包店不會搬家，也不會走路，後面的刈包店會安於如此嗎？顯然是不會的，於是乎就會發現招牌會「走路」了，在前面幾百公尺遠的地方，就出現顯眼的招牌。

要是第一家刈包店大肆廣告，顯然就會提高和其他刈包店的競爭門檻，但這都不是刈包店消失的原因。

刈包在彰南路上，過去是一項競爭到火熱的產業，我甚至發現，連招牌都長得同樣是綠底白字，根本無法分辨到底是哪一家店。

一開始，從北部南下往南投方向的觀光客通常會選擇從烏日下交流道，走彰南路到南投草屯、國姓和埔里一帶，彰南路上只要逢假日鐵定塞車。後來，中彰快速道路啟用之後，往返的觀光客更多，塞車的情況經常發生。這時候，刈包的生意好得不得了，所謂人潮就是錢潮，彰南路上的刈包店正因交通動線與人潮的關係，生意更是興隆。

刈包店消失的原因

怡克納米斯問我，彰南路的刈包店怎麼愈來愈少，後來乾脆「收攤」了，這到底是怎麼一回事？

難不成是過度競爭嗎？怡克納米斯顯然不會同意這樣的看法。

怡克納米斯提出，經濟學有時會借用物理的概念，有一種模型叫做城市的引力模式，而所謂的城市引力模式就是兩城市之間的引力大小，取決於兩個城市的人口和距離，而且，與兩個城市人口乘積成正比，但與距離平方成反比。也就是說，兩城市人口數愈多，則城市間引力愈大，兩城市距離愈遠，則引力愈小。

如果距離不變的話，人口數呈現正成長，照理說引力應該會增大，道路可能會拓寬，運輸方式可能會更加方便。要是道路出現改善，或是出現其他替代道路呢？

引力模式要是加入時間因素，則會改變原有的引力狀況。出現高速公路，則會提高原有的引力，但卻會萎縮原有舊道路的引力，簡單來說，就是原有道路被新道路「替代」掉了。

怡克納米斯認爲，城市引力模式改變，

是彰南路刈包店消失的元凶，導致彰南路不再是地理上的節點！

原本逢假日會塞車的彰南路，怎麼變得順暢無比，有時候整條路上沒見到幾輛車，只見幾輛砂石車呼嘯而過，連超速照相機都懶得再增設了，這疑問倒是引起我的好奇心。

後來我發現，往南投的選擇，多了一條「中投快速道路」，可以從臺中市直達南投和草屯，而且這條路的車流量比起中彰快速道路多了一些。很顯然地，選擇從中投快速道路到南投的人，比起選擇走中彰快速道路的人多上許多。加上國道3號啟用通車之後，往南投的民眾幾乎都選擇從草屯、名間和竹山的交流道下去，彰南路的交通流量馬上快速消失。

這印證了怡克納米斯的看法，引力模式改變了！

當人潮逐漸散去的時候，錢潮也會跟著散去，

從彰南路刈包店的現象，就可以看出端倪。

有一天，我發現彰南路上的刈包店全部收攤了，只剩下招牌孤伶伶地繼續懸在店門口。

人潮不見了！

還是回到前面的問題，人潮爲什麼不見了？這可以解釋刈包店的生存之謎。

很顯然地，中投快速道路的啟用，多少都影響到刈包店的生計，但是影響程度不會太過劇烈。等到國道3號啟用之後，往南投的觀光客可以直接由國道1號接上國道3號，從南投、名間和竹山下交流道，這倒是把南投的一些重要風景區給串聯起來，省了很多的時間。這樣一來，彰南路對交通的貢獻度大不如前，幾乎所有的觀光客都往國道3號去了，怎會有人選擇走彰南路呢？於是乎，彰南路從「主要道路」變成是「替代道路」，有時候還會碰見野狗大剌剌地躺在路上曬太陽，悠閒得可以。

原本的觀光人潮與車潮，在新公路啟用之後，被瓜分到這些快速道路與高速公路上，原本彰南路省道級的車流量，降到比縣道或鄉道都還不如，兩旁的商店只能賣給當地人，這丁點的營業收入根本支撐不起營業成本，索性就「關門大吉」，於是乎，刈包店就此消失在彰南路上。

在臺灣的交通節點上（通常指交流道或觀光路線必經之地），可以發現大型遊覽車休息站特別多，土產店也相對地多，這是因爲人潮帶來錢潮。但是，只要主要交通動線被更改，這些休息站和土產店也會跟著關門大吉（當地人根本不會去消費）。

彰南路上的刈包店就是這樣消失的，現在想吃刈包，還得努力想想哪裡有得買，哪裡有得吃了！當人潮與車潮消失了，加油站也跟著消失。同樣道理，往埔里的14號省道在國道6號通車後，不僅加油站消失了，連檳榔西施也一併跟著消失了……。

安全帶會失靈嗎？

安全帶更不安全？

我和怡克納米斯都不太喜歡開車，但只要一開車，我們都會下意識地拉上安全帶。為何拉安全帶呢？因爲我們很在乎風險，安全帶在我們身上，我們只把它當作「安全設備」。但是，有安全設備一定比較安全嗎？應該這麼說，有安全設備一定比較安全，問題在於有了安全設備，有些人的行爲卻變得更不安全了！

怎會這樣呢？

好朋友怡克納米斯的名言就是「顧此失彼」，換成經濟學用語就是每個人的資源是有限的，資源不是用在「這裡」，就是用在「那裡」，而我們使用資源的成本就是機會成本，就是我們可選擇的項目當中，所放棄的最有價值的選擇，所以才會顧此失彼。但是，顧此失彼的情況，不見得是因爲選擇所造成，有時候是因爲誘因改變所造成的。

經濟學認爲，人是理性的，而每一個理性人的行爲，其背後都有一種誘因（incentives）在支持著，正因爲人類是理性的、是自利的，會爭取自己的最大利益，而誘因就會促使人去追求自己的最大利益。

我們的生活中經常會有「顧此失彼」的情況發生，很多時候是爲了防止某件事情發生，卻意外引發其他事件，最後導致問題更加嚴重而後悔莫及。基本上，生活的細節只要通盤考量，由高處看事情的始末，很多時候會豁然開朗，把脈絡分析清楚之後，相信後悔和遺憾的機會不會太多。

臺灣在二〇〇一年六月以前，開車上路不用繫安全帶，這時交通部突然要修訂《道路交通管理處罰條例》，制定駕駛人未繫安全帶的罰則，這個罰則規定——汽車行駛於道路上，其駕駛人、前座或小型車後座乘客未依規定繫安全帶者，處駕駛人新臺幣一千五百元罰鍰；在高速公路或快速公路上，若違反前項規定者，處駕駛人新臺幣三千元罰鍰。

這個罰則明確規定駕駛人要是開車上路未繫安全帶，恐怕得有心理準備接罰單，不過呢，我比較在乎的是，繫安全帶的確比較安全，但是能改善道路交通的肇事率嗎？

在尚未立法通過之前，我和怡克納米斯開車的習慣向來是繫安全帶，因爲已經習慣了，所以這條法令對我的影響微乎其微，我們也不可能故意去試試不繫安全帶會不會比較不安全，或者會不會接到罰單？

誘因改變的結果

經濟學家常說「誘因能夠發揮力量」，偏偏卻沒講清楚，誘因改變的結果爲何？但是怡克納米斯顯然不是很同意我的說法。

他說：「誘因是基於人是理性的推理下之結果，但誘因改變的答案不只一個，而經濟學只會去說明和解釋在某個誘因之下所可能產生的結果如何，而在另一個誘因之下又有哪些可能的後果而已。經濟學只會告訴你誘因改變的『可能的結果』，但是不會告訴你『一定的』結果！」

怡克納米斯這麼說，就是經濟學讓人很困惑的地方，因爲「答案永遠不只一個」，對於只追求一個「終極解答」的人來說，經濟學分析之後所提供的答案，效果是「有和沒有都一樣」，超過一個答案的效果和沒有答案是「無異」的！

這種困惑應該其來有自，假定事件和行爲就是一種函數，對數學來說，事件是因變數（dependent variable，一個模型當中，受其他變數影響而變化的變數），行爲是自變數（independent variable，一個模型當中，影響某些其他變數的一種變數）所組成的，可以寫成：

行爲＝事件＋隨機

因此，可以看出來，當行爲變化的時候，事件當然會有所變化，當然，隨機的部分也有可能造成事件的改變。舉例來說，某人開車很小心，也有繫安全帶，但還是有可能被其他車撞上。至於被撞的原因有許多種可能，其中就有一項是「誘因」。總的來說，誘因的力量絕對不能忽視。其實，美國早已立法要求汽車駕駛人必須繫上安全帶才能上路，所以很多美國進口轎車的安全帶設計是你一上車就自動幫你繫上，一來怕駕駛人一時疏忽忘了，二來也達成強制的效果。

在美國宣布開車上路要繫安全帶的那年，經濟學家總是喜歡講一些逆耳的實話，認爲汽車意外事故即將增加，這點顯然讓美國聯邦政府相當的不高興，繫安全帶是爲了駕駛人的安全著想，怎會提高肇事率呢？經濟學家的推論是車禍件數恐怕不減反增，受傷人數會增加，但是死亡人數會下降，這倒是澆了官方一大盆冷水。

「關於這點，其實要透過事前與事後的統計才能分析出來，至於在巷子口的我們，可沒這些大電腦和聰明的統計工具可以幫我們澄清事實，或者捏個數字出來，但是經濟學家的經驗告訴我們，很多時候其實不用靠數學，靠直覺就能找出大致的答案。當年經濟學家就提出他們的看法，認爲汽車過去安全性（沒安全帶與安全氣囊時）較差，當然駕駛人開車時一定會小心翼翼，套句成語就是『如臨深淵，如履薄冰』一般，就是害怕出意外，嚴重的話可是會車毀人亡。但是，自從汽車加了安全設備之後，駕駛人認爲汽車比以往安全了，開車當然就不用那麼小心翼翼，於是乎容易漫不經心，更加容易肇事。」怡克納米斯針對安全帶是否會更安全，提出了以上的說明。

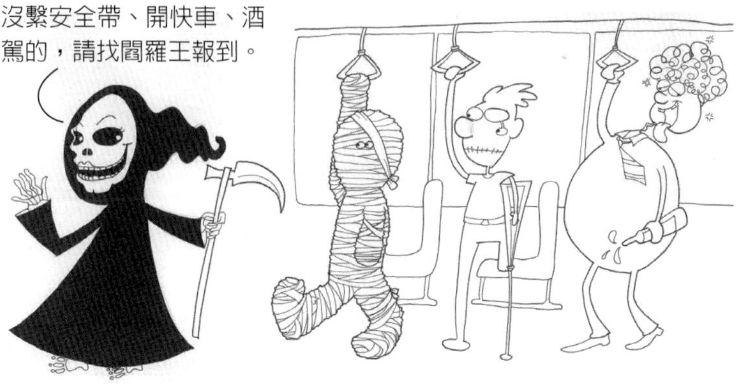

他繼續補充說明：「道路的交通意外，絕大部分是駕駛人疏忽所造成的，而駕駛人的疏忽不是造成自己的損害，就是造成別人的損害。就誘因來說，害怕出車禍是個相當強大而且有用的誘因，但是很抱歉，這個誘因無法出售，而且沒有價格可以衡量。對自己最大的損失有可能就是車毀人亡，再加上因爲一時的疏忽，讓自己以外的人所遭受的損害，當然這包括自己的親人在內，很顯然這個代價相當高，怎可以漫不經心呢？所以，要是汽車突然之間變得比較安全，我想很多人一定會改變『如臨深淵，如履薄冰』的態度，漫不經心的狀況就會層出不窮，於是乎，肇事率恐怕不會下降了。」

問題不在安全帶上

原來，問題不在安全帶上，而是駕駛人的誘因改變而導致的車禍事件。

如果要驗證經濟學家的看法，只要找出相關的統計數字，即可證明經濟學家的推論是可以接受的。

以臺灣的例子來說，民國九十年六月之前，駕駛人開車上路是不用繫安全帶的，以這個時間作爲分隔點，可以比較前後肇事數字的不同，但是這個統計表無法充分表示出交通事故是機車駕駛人所造成的，還是汽車駕駛人所造成的。根據資料表的數據指出，自民國九十年後的肇事件數逐漸攀高，死亡人數的確有所減少，但受傷人數也是逐年攀高，肇事率在九十四年底的時候高達每一萬輛車七十九．八一件肇事，還是民國八十九年時的兩倍多。

從這個統計數字看起來，雖然國情不同，顯見經濟學家的推論是有理的。這個表有個限制，就是無法具體表現出到底是機車駕駛人肇事，還是汽車駕駛人肇事的。但是，這依舊可以說，誘因是一件很奇特的事情，你想讓它往右走，它卻偏偏往左走，當你看不清楚行爲的本質時，當然就愈捉不住誘因的方向了。

年月別	每百人機動車輛數	每百人汽車數	道路交通事故			
			件數	死亡	受傷	肇事率
	輛／百人	輛／百人	件	人	人	件／萬輛
88年	73.9	24.3	2,487	2,392	1,636	1.54
89年	76.4	25.1	52,952	3,388	66,895	31.76
90年	77.9	25.6	64,264	3,344	80,612	37.27
91年	79.5	26.3	86,259	2,861	109,594	48.77
92年	81.8	27.1	20,223	2,718	156,303	66.04
93年	84.5	28.2	137,221	2,634	179,108	72.83
94年	87.2	29.3	155,814	2,894	203,087	79.81

觀光的危機

蘇花高速公路「建」還是「不建」？

從二〇〇七年往後看，臺灣多了很多高速公路、快速道路，也多了一條高速鐵路，甚至還想蓋蘇花高速公路【3】，希望促進東西部發展均衡。以蘇花高速公路爲例，這樣一來，臺北到花蓮大概不用兩個小時就到了，看起來可以促進花蓮的觀光發展。但反對者認爲，蘇花高速公路會破壞生態環境，期期以爲不可。

到底蘇花高速公路「建」還是「不建」？兩邊的意見都對，但總有某些問題應該去思索一下，有了蘇花公路得了什麼？又失去了什麼？沒有蘇花公路又失去了什麼？得了什麼？如果得和失之間可以用新臺幣來比較的話，這個問題顯然就簡單許多，只要比較兩邊的新臺幣餘額大小，就知道哪個方案可以勝出。但問題也難在這裡，如果可以很輕易地計量出來，還得去說服對方接受這樣的結果。

蘇花高建與不建，似乎是生計與環保的天平兩端孰輕孰重的問題，但問題來了，只要有輕重就是不均衡，在不均衡的情況之下，總是有衝突的兩方。

但同樣的問題，到了怡克納米斯這邊，處理的思維顯然不太一樣，這個問題，我也一樣把我的無知與困惑告訴了他。

觀光資源的稀有性

「如果觀光是一種資源，它應該可以消費，這是一種無形商品，

圖1 蘇花高速公路示意圖

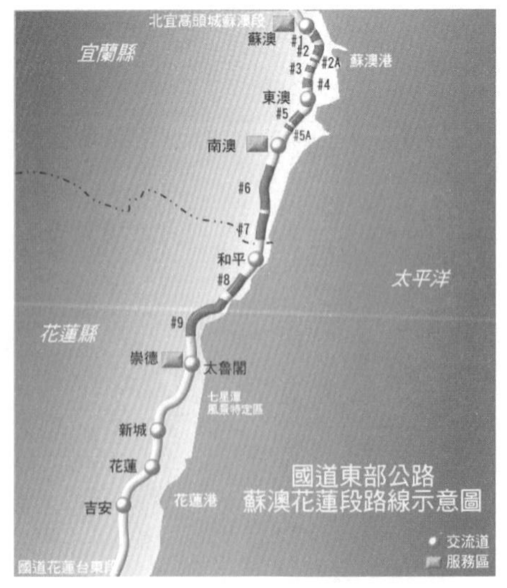

資料來源：國工局

但是，它的消費價值卻很容易產生變動。如果觀光是一種很稀有的資源，想必它的價值一定很高，畢竟物以稀爲貴。反之，要是觀光是一種很普遍的資源，它大概就很廉價了。」怡克納米斯倒是不疾不徐的說出他的看法，但是我還是不解，他到底贊不贊成興建蘇花高啊？

「舉個例子來說，我從小就住高雄港邊，高雄港、旗津和西子灣，簡直是我家的後院，因此，我不會對這三者很好奇，在我心中要是可以計價的話，就是很便宜。然而，臺北的陽明山，我就認爲很稀有，畢竟難得去一次，因此價格就很貴，所以國中和高中畢業旅行，學校就安排到陽明山。很顯然地，高雄港、旗津和西子灣對我而言是很普遍的，我甚至一輩子也沒去過幾次，但臺北的陽明山卻是很稀有，一輩子總想去個幾次。」他補充說了他小時候的故事。

以我的經濟學知識，我可以知道物以稀爲貴，這是供給與需求所決定的，一種商品（有形或無形）很稀有，這商品八九不離十，鐵定是很貴的，也就是說，當需求彼此需要去競爭的時候，這種商品的價格就會水漲船高。就像高雄港之於怡克納米斯，他認爲就在港邊生活，高雄港對他而言是舉目可及、伸手可觸的景物，當然不稀奇，我甚至可以大膽猜測，他在高雄港邊享用小吃的效用，遠不及在基隆港邊廟口吃小吃的效用。

「觀光的有價性，在於『稀有性』，只要一稀有，生態環境就很容易維持，也由於稀有，所以價值就高，需要付出的觀光價格就高了很多，所以生態的維持與觀光這兩件事，並不是互相矛盾的，反而是在天平上互相均衡，求取最大效用。」他繼續補充說明。

供給與需求的改變

所以，蘇花高速公路要是出現，臺北和花蓮之間的交通問題可以獲得改善與紓解，旅客開車時間變少了，當然兩個城市的引力模式就會增強，順理成章地引入了更多的觀光人潮，看起來應該是好事一樁才對。有了人潮，當然就有錢潮，這種正向思維並不會出錯，但這也是問題所在。

我們必須去思考一個問題，在蘇花高的例子裡，何者是供給？何者是需求呢？

看起來是這樣，花蓮的觀光業者給予食宿的供給，觀光客有來花蓮觀光的需求。於是乎觀光客第一次來花蓮，當然願意花比較多的錢，隨著次數增多，願意付出的代價就會逐次遞減，有沒有蘇花高其實沒什麼影響，有影響的在於「時間」的間隔。只要時間的間隔一長，每次觀光的代價應該變動不大（可能是觀光景點的新開發），但是時間變短，願意付出的代價會隨著邊際效益降低而降低。這和怡克納米斯的高雄港經驗一樣，要是三天兩頭都可以看見高雄港，或是去高雄港的機會很多，他的效用絕對高不起來。所以，只要是去花蓮變得比較容易，效用當然會變得比較低，願意付出的代價當然就不高了。

所以，如果花蓮的觀光變得很廉價的話，想必花蓮人不會願意接受，感覺上好像五星級的料理，一下子到路邊攤也可以享受。

「因此，到花蓮觀光的觀光客不是『需求』變高了，而是『需求量』變多了，在供給不變的情況下，均衡價格當然變低了。」怡克納米斯對我的看法進行補充說明。

那供給的部分呢？

「供給的看法，可以看作是一種門檻，要是蘇花高建好了，想必來到花蓮觀光的門檻就會變低，只要是門檻變低，就像是廠商生產的成本變低了，可以大量生產，因此供給會變動，而且是大幅移動。」

經他這麼一提，我馬上畫下熟悉的供給需求圖，我發現在蘇花高建好後，均衡的價格（觀光客願意付的代價）會變低，而均衡數量（觀光數量）則會提升。觀光客願意付出的代價變低，顯然會衝擊觀光業者的收益，而觀光數量的提高，則會惡化當地的生態。

這可讓我了解到一件事，就是優質的觀光應該是一種很稀有的共有財才對，而不是一種很普遍的共有財。要是觀光資源太過於普遍，這和去城市裡的公園散步效果鐵定差異不大。於是乎可以想像，臺北到花蓮間由於交通時間變短了，甚至可以當天往返，花蓮的深度旅遊變成一日遊，花蓮很容易留不住觀光客。再來，由於城市引力模式加強，觀光人數一定會遽增，衝擊當地的環境負荷力，有大量的觀光客就有垃圾與破壞，然後價值再下降，形成惡性循環，這就是普遍化可以預期的結果。

更可以預期的是，花蓮和臺東的交通改善，代表西部地區往花東地區的交通更爲方便，如此一來，東部觀光效益會不會更爲淺薄呢？加上中央與地方政府前幾年大力招攬陸客，會不會更加擴大花東地區的外部成本？而當觀光的泡沫消滅時，反而形塑更大的觀光危機？

同理可證

同樣地，我也擔心過國道6號興建完成後的埔里及清境農場。以清境農場周邊爲例，就目前而言，顯然已經過度開發，而市場過度競爭的結果，民宿愈來愈便宜，但環境也愈來愈差。

國道6號興建完成後，以臺中和埔里兩個城市爲例，城市引力模式顯然會被加強，這道理和蘇花高速公路一樣，從臺中出發，甚至可以當日往返清境農場與廬山溫泉，於是乎深度旅遊變成一日遊，原本是中繼站的埔里，甚至會被遊客所忽略，而環境負載力已經嚴重下降的清境農場，在未來爲因應更龐大的旅遊人潮，想必會更惡化，清境農場的雲海價值會變得更低，日益普遍的一日遊，會讓諸多民宿喝西北風的日子變得更多。

故事，還有續集

因東部蘇花高速公路建設計畫諸多爭議，先後變更爲「蘇花公路替代道路」（蘇花替，二〇〇八年）以及「蘇花公路改善計畫」（蘇花改，二〇一〇年）。

- 二〇〇八年七月六日：行政院院長劉兆玄宣布預計要興建「蘇花公路危險路段替代道路」，以取代蘇花公路危險路段。
- 二〇一〇年二月九日：馬英九總統宣布若通過環評，將動工興建「蘇花公路（危險路段）改善計畫」（蘇花改）。

另外，針對清境農場民宿問題，在二〇一一年三月十六日《聯合報》的報導中提到，南投地檢署檢察長朱坤茂指出，清境農場民宿濫建，十年竟然暴增逾兩百家之多。

清境農場民宿爆量是供給面的問題，但仔細想想，如果沒有需求面的作祟，民宿會如此過度競爭嗎？

我記得第一次到清境農場是在一九八六年的時候，那時候只有一大片草原和一條「步步高昇」的步道而已，住宿的地方只有一處國民賓館。當時清境農場眞的非常清幽，平常不會有太多的遊客，因爲，以玩樂程度來比較的話，山下的日月潭還比較搶手一點。

二十幾年後，我搬到彰化定居，經常要往返14號省道（彰化、草屯到埔里），對於這條省道的榮枯，感覺相當強烈。過去有彰化地方記者說，14號省道上的加油站歇業的很多，就是因爲交通運輸方式的改變，14號省道上的流量不再，刈包店全都歇業了；接下來，更因爲國道3號接國道6號的開通，交通運輸方式再度產生劇烈變化。時至目前，原本遊客如織，車流量只要逢假日就會塞車的14號省道，已經沒什麼車流可言，過去依靠車潮與人潮的產業型態，恐怕得遷移或者是面臨衰退。結果，刈包店關門、加油站歇業、檳榔西施沒生意，連賣燒甘蔗和玉米的小販生意也大受影響，連帶的，草屯外圍道路餐廳的收益同樣受到波及。

曾有地方民代問過我的看法，我就表示過當國道6號開通之後，彰化、草屯、國姓到埔里這段省道的業者生意一定大受影響。當時民代不解，交通變順暢之後，人潮不是會變多嗎？但要是高速公路變得比省道便利，遊客會選擇哪種方案？當然是高速公路，如此一來，不管是北上與南下的遊客，全都取道國道6號高速公路，誰願意走崎嶇的14號省道？誰願意進到路窄容易塞車的草屯和國姓呢？

國姓的民宿業者同樣也和我抱怨過這個問題，怎麼政府的說帖和事實竟然完全相反，究竟遊客到哪裡去了？這位老闆為了國道6號，還特地投資蓋了間景觀餐廳，結果完工了，遊客也沒了。

其實，上述的答案是遊客直接到清境農場和日月潭去了，正因為交通運輸方式的改變，遊客到清境農場變得方便了，交通時間也縮短了，誰又願意到草屯和國姓吃個飯再上山呢？

地方民代的回覆也很天真，既然省道沒人了，乾脆把路封起來，改成自行車專用道，把省道當廢物再利用吧！

需求改變的情況是遊客會蜂擁到清境農場，短期來看，應該建更多的民宿和餐廳來消化這些遊客，但政府和業者可能萬萬沒有料到一件事，就是一個山頭上到底可以承載多少環境負荷力？也因為旅程時間縮短了，清境農場的兩日遊，極有可能會變成一日遊，看完剪羊毛秀之後，也許就往日月潭去了，連廬山的溫泉也不泡了？

清境農場的民宿變多，即產生這種預期的結果，以爲生意可能會變好，結果大家拚命搶蓋，造成民宿數量大增，不只過度競價，還得搶水源。事實上，民宿生意根本沒有變得比較好，或許還留不住遊客（因為山上環境變差了）。受到日月潭飯店和民宿的競爭，於是乎部分遊客還可能會捨清境農場而轉往日月潭住宿。

交通狀況改變會影響清境農場的短期均衡，也就是說需求上揚的現象是短期的，長期均衡根本沒有改變，甚至是下移（受日月潭開發影響），民宿業者的擴張供給，結果只會變成搶資源——水源和遊客。

觀光本來就是稀有的共有財，但愈容易到達的地方，在遊客心中愈沒有旅遊價值。

曾經有新聞媒體報導，南投縣政府建設處官員指出，不到五年，清境農場過度競爭與開發的民宿市場一定會垮掉。但問題在於，既然官方早已知道，又爲何坐視不管呢？

同樣的道理，現階段過度開發的日月潭，幾年後是否也會步入清境農場民宿的後塵呢？

日月潭歸交通部管，現在拚命地蓋湖濱景觀飯店，早已過度開發。其實，也很容易預見日月潭的未來，前幾年碼頭潭畔附近用地已經喊出每坪近兩百萬元行情，但地主依舊惜售。日月潭中興停車場附近的建地，成交價格一度每坪達六十一萬元，短期內日月潭地價恐將只漲不跌。但往前幾年看，就在九二一地震後，日月潭環湖區一坪開價低到六萬元都乏人問津。

日月潭地價飆漲的問題，就是泡沫需求的問題，因爲兩岸開放觀光以後，中國大陸遊客幾乎都點名要到日月潭一遊，需求增加但供給不足，就會引發地產業者開發觀光飯店的誘因。在土地資源有限的情況之下，一定會競逐土地資源，地價就會飆漲，而爲了滿足超過環境負荷力的觀光需求，就會競相蓋出觀光飯店。最後，競逐的結果就是日月潭過度開發，沒了湖光山色與景致的天際線，觀光的價值又會減損，慢慢的又供過於求，未來的下場，恐怕就像不遠處的清境農場民宿一般。

《聯合報》在二〇一一年三月七日的一篇報導即指出，「隨著遊客倍增，日月潭的新飯店近年陸續開幕，風景區管理處『未蓋已核』的飯店房間數還有千間。」交通部觀光局就統計指出，在二〇一一年底時，日月潭周邊地區旅館住宿（含民宿）的供給量爲2,194間，但二〇一二年的住宿需求預估高達要3,336間，也就是說，日月潭地區的住宿設施已無法滿足未來（短期）的需求。但也因爲這個原因，環保人士認爲，日月潭目前是水質保護區，旅館過度興建會影響日月潭水質，且日月潭遊客愈來愈多，交通狀況混亂而且停車場設施不足，如果再增加觀光旅館，恐將使當地交通更加惡化。

泡沫，果然出現了

「泡沫的虹彩很耀眼，但破滅之後只剩空氣。」這句話我已經忘記是誰說的，但如果形容花東與墾丁的觀光熱潮消滅，應該會很貼切。

二〇一七年暑假一開始，帶著全家在墾丁和臺東慢遊了四天，反常的是民宿毋須提前好幾個月預定，以經濟人的敏感度而言就是「Something Happened」，觀光的熱潮同前幾年相比，直覺上消退很多。

民宿主人形容，當時的住宿情況簡直是「寒冬」，當然，原因只有一個，就是住宿人數急速下降，最後造成削價競爭。

民宿主人反映了經濟現實，民宿都是接散客爲主，在過去，陸客大多住旅館，造成散客擠往民宿，導致民宿的房價與住用率都非常高。但自二〇一六年中開始，陸客觀光人數急速下降，造成旅館的住用率下降，價格上優惠的幅度變高，散客反而趁機捨民宿轉往旅館入住，導致民宿的住用率急速下降，以至於原本旺季一房難求的高知名度民宿因市場競爭與排擠，只好無奈向下修正房價。

陸客觀光人數銳減

從交通部觀光局的資料庫統計表來看，二〇一七年上半年觀光的人次為三百六十一萬，相較於二〇一六年減少約百分之六·九（減少二十六·八萬人次），很多人懷疑，難不成是因為陸客來臺人次銳減所造成的嗎？

從二〇一六年一月起，到二〇一七年的六月止，總體觀光人次並未有顯著減少，但陸客觀光人次卻從二〇一六年一月的三十一·七萬人次，銳減到二〇一七年六月的十四·三萬人次，二〇一七年上半年與二〇一六年上半年相較，銳減八十萬人次，衰退幅度高達百分之四十五·四，陸客對總觀光人次的占比，從百分之四十九衰減到只剩百分之二十五。（從統計圖判讀，陸客人次的分水嶺就在二〇一六年的六月，顯然是受政治因素影響。）

二〇一七年年中以後，新聞屢屢指出，墾丁與花東地區的觀光人潮變少了，標題以驚悚的「墾丁旅遊人數雪崩式下跌」來譬喻景氣的寒冬，走在街上的確感受不到以往的人潮，但觀光消費價格仍是高點。以往觀光地區成排的遊覽車，也僅見零星的車輛，過去一位難求的停車場，隨便都可以找到停車位。

幾位老闆和我說，只有兩個原因可以解釋：第一，陸客人數大幅減少；第二，所得下降。即使停車費一次才五十元，臺灣消費者也不願意花小錢，寧願省小錢停路邊。

泡沫需求打回原形

旅館與民宿的住用率較往年降低很多，矛頭當然指向陸客減少的因素。然而退一步想，觀光需求與供給原本應該是有機式的成長，但人往往不是充分理性的，當「預見」泡沫需求時，也難保不會出現泡沫式的供給，而當泡沫需求消滅打回原

圖2　來臺觀光人數統計

資料來源：交通部觀光局

形時，依供需模型最後的結果，一定是供給大於需求，超額供給量會把最後均衡的價格拉到比過去還低的窘境。

觀光局的統計指出，屏東縣、臺東縣與花蓮縣自二〇〇九年起，到二〇一六年止，屏東縣的旅館房間數其實是衰退的，然臺東縣與花蓮縣兩地反而急速成長，花蓮縣在二〇一六年突破九千間，臺東縣突破八千間。若以民宿的房間數統計，三地的房間數均呈曲線式成長，臺東縣與花蓮縣在二〇一六年各突破四千間與六千間。

這些旅館與民宿的住宿供給，反映的是追逐泡沫的需求，反映的是住用率（該月實際住用客房累計數與該月可供出租客房累計數之比率）與平均單價。因觀光泡沫需求的速度較快，而住宿的供給量需有時間才能反映，住用率與房價會逐漸攀高，然而待供給量補上，卻遇見需求泡沫破滅時，又會雙雙下挫。反正，一切都是供需法則。

臺東縣的觀光依舊燦爛？

以臺東縣為例，旅館房價的半年移動均價從二〇〇九年的三千五百元一路漲到二〇一六年中的四千一百元，再回跌到二〇一七年六月的三千六百元。以住用率觀察，在二〇一四年達到高峰的百分之八十四，在二〇一五年以後平均落在百分之四十五。

圖3 旅館房間數統計

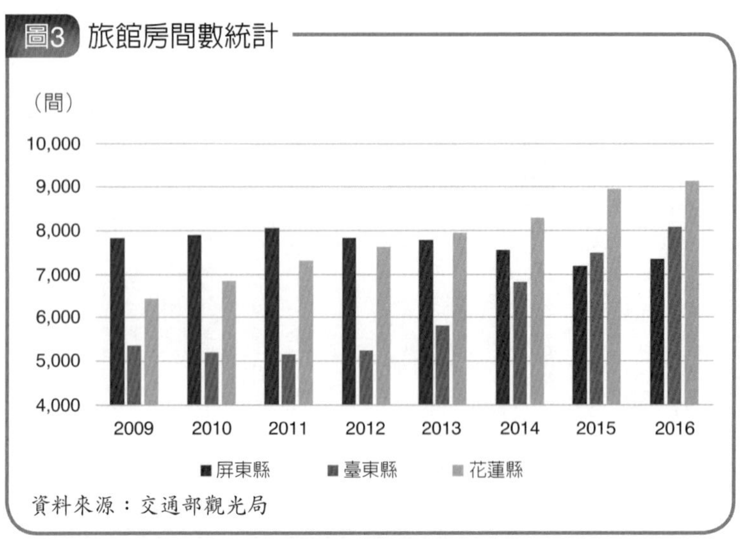

資料來源：交通部觀光局

圖4 民宿房間數統計

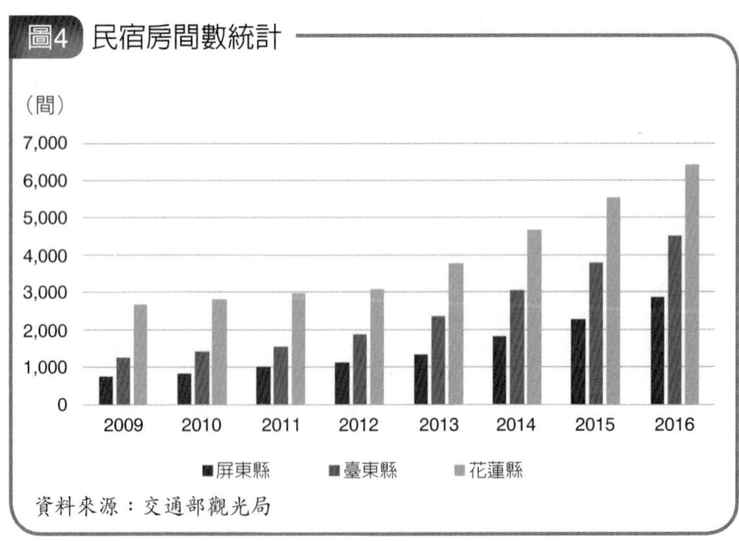

資料來源：交通部觀光局

結果，旅館住宿的平均單價與住用率開始回落，而事實上，泡沫的問題早在二〇一五年住用率下降就已經「預見」了，只是大家「視而不見」罷了！

最後，我再舉一個視而不見的數據，二〇一六年興建中的觀光旅館房間數，全臺灣尚有9,269間，其中臺東縣（1,346）與花蓮縣（794）合計爲2,140間，占比爲百分之二十三，總和的房間數兩個縣不相上下，看來，災情也許還有機會繼續雪上加霜啊！

在臺東縣的民宿方面，住宿的移動均價從二〇〇九年的一千四百元成長到二〇一六年的一千八百元高點，再衰退至一千七百元，然住用率竟然在二〇一六年中以後衰退到百分之十一．八的八年次低點（高點百分之三十五．八），眞的是同墾丁般的雪崩式下跌。

泡沫的起滅本可預見，只是大家視而不見

一個地區觀光需求的承載力本有其限制，當出現泡沫式的需求與追逐的供給，本質上就會造成很多環境成本。這些環境成本所造成的外部性就會由旅客和當地人來共同承擔，觀光品質低落本是可以預見的結果。

圖5 臺東縣旅館住用率

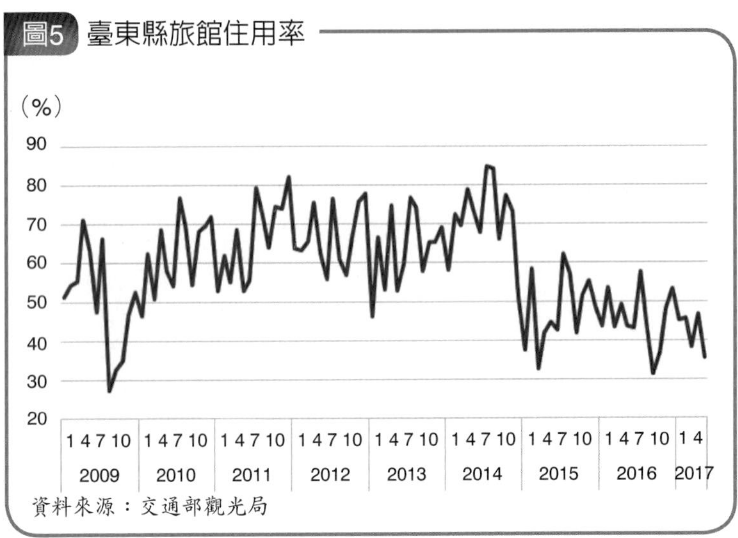

資料來源：交通部觀光局

圖6 臺東縣民宿平均房價與住用率

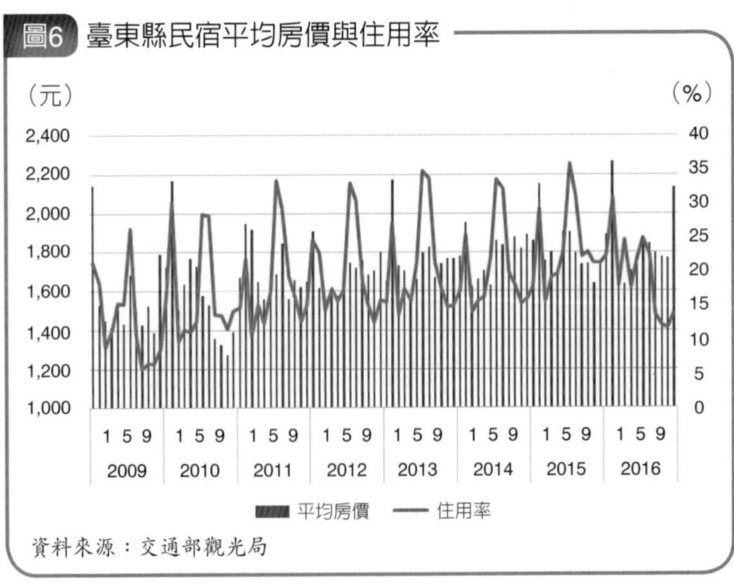

資料來源：交通部觀光局

從經濟學的分析觀察，泡沫的起與滅都是可預見的，只是大家都「視而不見」罷了，可不是嗎？

注：蘇花高速公路爲改善東部地區聯外交通條件，均衡區域發展，行政院於民國七十九年二月核定之「改善交通全盤計畫」中，將本計畫列爲「環島高速公路網發展計畫」之一環。八十一年底開始進行國道東部公路（自蘇澳經花蓮至臺東）踏勘與調查作業，八十三年起接續辦理國道東部公路可行性研究，八十六年陳報行政院可行性研究報告，八十七年三月奉核定先行辦理蘇澳花蓮段，八十七年四月開始進行蘇澳花蓮段工程規劃，於八十九年一月辦理完成；環境影響說明書亦於同年二月經行政院環保署審查通過，准予開發。行政院乃於九十一年五月將本計畫納入挑戰二〇〇八國家發展重點計畫，同年十二月核定同意本建設計畫分期分段辦理；並於九十二年將本計畫納入「新十大建設」之「第三波高速公路」的子計畫之一來推動，以加速建設臺灣東部與北部區域間全天候快捷的運輸道路（資料來源：國工局網站）。

上廁所，你願意付錢嗎？

公共廁所是何時發明的？據說是一八五一年倫敦萬國工業博覽會上，由英國人喬治．詹寧斯（George Jennings）展示了第一座公共廁所，但這廁所可不是「免費」的，使用這個公共廁所的費用是一便士，據統計，至少八十萬人給錢進去一探究竟。

但根據維基百科，人類史上第一個付費的公共廁所其實是在西元七十四年羅馬帝國時代設立的。至於世界上第一個男女分隔的公共廁所，則是在十八世紀的法國巴黎出現。在一七三九年，巴黎的一間餐廳舉行大型舞會，主人臨時搭建兩個簡陋的廁所，分別供男賓和女賓使用，在這之前，西方的公共廁所一般來說只限男人使用，女人外出如果內急，只能在溝渠解決，這反映出當初男尊女卑的概念。

女廁竟然要收錢？

有一次，在一場研討會上聽到盧秀燕立委提到過去女人上公廁要收錢的問題，這是一項男女不平等的措施，於是她誓言要性別平等、取消收費，後來又立法，提出爾後男女公廁比例要用一比三的方式建造。

一開始，我也認爲女人上廁所要收錢是一件相當奇怪的事，但是，也沒見過有人提出反駁，而且大家也都習以爲常，反正女人上廁所收錢好像是天經地義的事，男人上廁所不收錢，卻反而沒人會去討論。

我也覺得找不出一個合理的推論，但總覺得這裡面一定有些文章。如果換個方式想，要是我去上廁所的時候竟然要付錢，我會怎麼想呢？我大概會這麼覺得，如果上的是「小號」，我大概不願意付錢，頂多找別的廁所，但要是上「大號」呢？我想我會願意付錢，如果這間廁所還相當乾淨，又提供衛生紙，這筆錢大概會付得心甘情願。

你願意付錢上廁所嗎？

接下來就是我願意付多少錢呢？眞的很難說！理論上是這樣，要是很急的話（可能是拉肚子），我大概會願意付多一點，反之就是付少一點，但是這種定價方式不可行，因為廁所管理員不可能知道我內急的程度。所以，固定的單價對雙方反而比較有利，不必爾虞我詐一番，壞了肚子可得不償失。

我認為，獨立的公共廁所如果有專人整理的話，在使用者付費的前提下，付錢上廁所這件事看起來不會有太大的爭議。

關於這個問題，我想了幾遍，適巧大學啟蒙羅台雄老師來電，順道問了他這個問題。他說，有些國家男女公廁都得收錢，但有些是免費的，一個事件（尤其是經濟事件）不能只放在一個天平上衡量。

經濟事件？上廁所也是經濟事件，這我可是第一次聽說，但想想也對，只要是涉及選擇和交易的事件，不都是經濟事件嗎？

大哉問，廁所的經濟問題

同樣的問題，我也問了好友怡克納米斯，他認為最公平的做法就是不分男女的中性廁所，這樣還能有最佳效率，至於收錢與否和公平沒有關聯。

廁所不分男女生？這可是創見，經濟人的思維果然就是超乎想像之外，但為何要分男女生廁所呢？這點我的確想不通！

我記得怡克納米斯常說，如果經濟行爲裡容易有交易成本發生的話，透過某些手法可以降低大家的交易成本，提高交易的效率。但是，男女上廁所和交易無關，顯然也沒交易成本，不分男女廁所，頂多覺得面紅耳赤而已。

「想想，如果你在外，當你想要上廁所時，一間免費但是髒得要命，另一間收錢但是很乾淨，我想你會願意付費的，付費只是取得一個優質公廁環境的代價。」怡克納米斯這麼說。他這點看法我同意，這也是我先前提過的，如果是一間很乾淨的廁所，付費的意願應該很高。

怡克納米斯接著補充說：「從行爲來看，男人上廁所的問題好解決，尤其是上小號更好解決，套句經濟人常用的術語，就是男人上小號的需求彈性天生就高，這是因爲男人可替代性的選擇夠多，以至於上小號的付費意願不高，付費經營這種廁所大概無法生存。但是女人呢？恐怕並不是如此，由於生理結構的關係，通常不允許女人像男人這般，也有很多替代性的選擇，也就是說，女人上廁所（小號）的需求彈性可能相當低，付費上廁所反而是最佳的解決方案，成本最低。」

如果場景換成是上「大號」呢？套用怡克納米斯的分析模式，我認爲情況比較複雜一些。

非關男女，這種生理反應對每個人而言都是難受的，也不好忍受，況且變數很多

（如果你不想經常上小號，可以選擇少喝水，但上大號卻可能是因為吃壞肚子）。此時，上廁所是唯一的解決方案，沒有其他替代方案可言。也就是說，碰到此情景，上廁所只能是「Say Yes!」難以「Say No!」。

在只能「Say Yes!」的情況之下，不管上廁所要不要付費，根本沒有太多選擇餘地，也就是說，不管廁所乾淨與否，都得上廁所解決生理問題，這和公平無關，都可以取得最大效用，此時的機會成本也最低。

所以，這樣一路分析下來，男女追求最大效用的情況之下，女人不論是上小號還是大號，付費是最好的選擇，男人只有在上大號時付費才是最好的選擇。因此，最公平的方式是以後男人上大號也得付錢。

看起來，男人與女人上廁所分別可以選擇不付費和付費，但在行爲上都是在追求最低成本和極大效用，其實一點都不矛盾，也和公平無關。

廁所的效用

回到前面盧秀燕立委的提議，女廁與男廁的比例以三比一的方式興建，我認爲不見得會有效率，最有效率的做法是每分每秒剛好都有人在上廁所，廁所處於服務滿載狀況，但是又剛好不用排隊，只是這種情況很難發生。

這不就是經濟學上常講的「柏雷托最適境界」嗎？

根據定義，柏雷托最適境界（Pareto optimality）指的是在不損及他人下，而又有利於某些人，此時經濟效益最高。這就說明了當我想上廁所時，不用把某個人趕出來，讓我趕快進廁所方便，則此廁所的資源運用狀況就是「柏雷托最適境界」。講白一點，這時候我沒有「更爽」（即更滿意）（better off），也沒讓某個人「不爽」（即不滿意）（worse off），對我沒有比較好，對他人也沒有較差！

「所以只要不是『柏雷托最適境界』的效用，大部分的情況是這樣，廁所的資源會閒置，尤其女廁更是。」怡克納米斯如此推論。

「另一方面，在公共地區用這樣比例的方式興建廁所，女廁的面積一定會增加兩倍，但資源不是用在『這裡』，就是用在『那裡』，在公園裡就得犧牲用地建廁所，這樣，我們的公園就會縮小，綠地當然也會縮小，這就是機會成本。」他做了以上的結論。

怡克納米斯說的一點也沒錯，土地資源是有限的，空間資源也是有限的，在使用資源的時候，必須檢視機會成本的大小，否則就很容易顧此失彼。

所以，我覺得另外一種方法可能會比較有效率，就是男生上小號不收錢，廁所分開建立，面積很小、偶爾清潔，但是有門的廁所不分性別一律收錢，這樣一來符合大多數人的需求，也很有效率，不是嗎？

公共廁所的法律經濟學問題

一九八九年，美國加州通過第一個「廁所平等」法案，據說是由一位不堪忍受等老婆上廁所的男參議員提出。然而，直到一九九三年，美國國會大廈參議院所在樓層才有了第一間女廁，而眾議院卻直到二〇一一年，才開始有第一間女廁。

由此可見，女人上廁所，在美國是一項政治問題。

針對男女公共廁所的比例問題，立法院在二〇一〇年十二月二十一日通過《建築法》第九十七條修正案：「有關建築規劃、設計、施工、構造、設備之建築技術規則，由中央主管建築機關定之，並應落實建構兩性平權環境之政策。」

根據立法院「法規資料庫」之立法歷程記載，修正條文的立法理由如下：

1. 為促進兩性地位之實質平權，全面落實建立性別平等之公共環境，特修正本條。
2. 基於保障女性在衛生福祉方面最為基本而迫切之需求，本法主管機關業於民國九十五年十一月三十日修正建築技術規則建築設備編第三十七條條文。衛生設備若屬同時使用類型（如學校、車站、電影院等），其女用大便器數與男用大便器數之比例增爲五比一；屬分散使用類型者（如辦公廳、工廠、商場等），其比例修正爲三比一以上。

3.然而上開新修正施行之建築技術法規，並無溯及效力，僅適用於修正後之新建建築物。不僅在既有私人建築物方面欠缺改善衛生設備之誘因；既有公用建築物方面政府僅以消極宣導方式，而未以積極手段強制要求各機關逐年編列經費全面落實改善，故全國絕大多數之舊有建築物，其衛生設備女廁數量仍然嚴重不足。

4.因此爲加速舊有建築物改善男女衛生設備數量比例，本條修正通過之後，全國各公有建築物，應由各機關及地方政府參照修正後之《建築技術規則》，於其年度預算項下逐年編列經費改善之，最遲於五年內須全面改善完成；至於既有之私有供公衆使用達一定程度規模建築物部分，主管機關應提供改善費用補助之正面誘因，並斟酌其空間結構、使用特性、設備狀況、人潮流量等因素，提出適當可行之分級改善實施方案。

根據《建築法》的修正案，五年內，臺灣所有的公共廁所都必須改善完畢，達同時使用類型，其女用大便器數與男用大便器數之比例增爲五比一；屬分散使用類型者，其比例修正爲三比一以上的標準。由於修正條文的效力爲追溯既往，因此，不管廁所的定義是「分散使用」或者是「同時使用」，均須在五年內完成（當時預計是二〇一六年底）。然而，由於《建築法》修訂通過且溯及既往，在既成建物之公共廁所總面積不變之下，要達到符合上述法令的規範，恐怕得在女廁「便器」數量不變之下，縮減男廁的面積與便器數量，方足能達到法規的要求。

這下子，不就變成是爲了讓女男廁所在法律上平等，舊有的比例顯然是較優於男性，因此必須刪減男性廁所並移轉至女性廁所，方足以達到法律之前平等，這樣一來，臺灣的男性會不會感到權益被法令剝奪而抗議呢？

到底男女廁所的比例應該如何計算？用如廁時間計算？還是人口比例呢？照理說，要是以人口比例來計算，應該趨近於一比一才對，但世界各國的男女公廁比例皆非一比一，代表用如廁時間的比例計算，實質上會比較公平些。

男女使用廁所的方式不同，一九八八年，Sandra Rawls Oltmanns和Savannah Day爲維吉尼亞理工大學開展了一項研究，他們計算出女性從進入廁所到從廁所出來的總時間接近三分鐘。男性只需八三・六秒。另一個研究調查了男女花在便器上的眞實時間，得出的結論是，男性耗時三十二到四十七秒，女性則爲八十到九十七秒。根據上述研究，女性如廁時間是男性的二・三倍，所以，爲了公平起見，男女廁所的比例至少應該是1:2.3嗎？然而，根據世界各國的法令或規章，看起來又不是這麼一回事。

1.美國陸軍的標準是每二十五名男性配置一個廁所，而每十七名女性配置一個廁所，換算之下的男女廁所比約爲1:1.47。

2.美國每一百五十位名男性配置一個小便斗，每一百名女性配置一個廁所，每五百名男性配置一個廁所。若合併計算，男女廁比例爲13:15。但是，在一九三六年頒布而且至今仍有效的《公共健康法案》規定下，英國根本就沒有以法律來要求在公共場合提供多少數量的男女廁所。

3.美國和澳大利亞規定，每五百名男性配置一個廁所和兩個小便斗，而每五百名女性則配置六個廁所。若合併計算，男女廁比例爲1:2。在美國有十二個州已於九〇年代初通過《如廁公平法案》，這些法案要求興建更多的公共廁所，並將女廁所的數量增加兩倍。

4.加拿大規定，每一千兩百人配置三個男用廁所和三個小便斗，以及九個女廁，合併計算，男女比例爲1:1.5。

5.根據國際露營總會（Federation International de Camping & Caravanning, F.I.C.C.）所制訂的《露營地等級與準則》，規定每三十名男性及每二十名女性需配置一間廁所，男性廁所可以兩倍數量之小便斗替代，男女廁所比例爲1:1.5。

根據以上國際現況，男女廁所的比例大致上爲1:1.5到1:2，還是小於如廁時間的1:2.3，而臺灣的1:3到1:5之規格，顯然是優於全世界。

無獨有偶，中國大陸針對男女廁所的比例問題，一樣也是透過法律來解決。廣州市的市政協委員韓志鵬在二〇一一年二月提交提案，建議廣州市向珠海市學習，透過立法的形式，明確規定男女公廁比例1:1.5。在上海市，爲因應二〇一〇年上海世界博覽會，上海市改建公共廁所，打破公廁之廁位「男女平等」的不人性化現象，使男女廁所比例達到2:3，方便女性上廁所的需求。

另外，香港針對女性人口比例增加的情況，爲體貼解決女性如廁不方便的難題，在二〇〇六年初於城市規劃和設計中，特別修改了男女廁所比例，提出把男女廁所比例從當時的1:1提高至1:1.25。二〇一一年五月再次調整女廁配置比例，大幅提升至1:1.5。香港民主黨議員在二〇一一年五月甚至更進一步提議，爲解決廁所數量的問題，更應該建立所謂的「中性廁所」來完善解決男女廁所不足的問題。

從國際與兩岸三地的男女廁所平權法案來看，先不管其他法案，光是從廁所這件事，臺灣對於女權的提升，就已經遠遠超過國際、中國大陸和香港的標準，的確獨冠全球。

付費與否?市場決定

國際上有很多付費廁所，同樣的也有免費廁所。過去，在瑞士使用火車站的廁所是必須付費的，要價爲二瑞郎，但從二〇一二年開始，瑞士聯邦鐵路公司（Swiss Federal Railways）已經宣告不再收取該項費用。在瑞士的麥當勞、星巴克或者百貨公司的廁所，可能都會上鎖，必須在店內消費之後，再憑收據上的一組公廁密碼，在廁所外輸入密碼後，才得以進入使用。

另外，在法國巴黎各鬧區頻繁地設置子彈型的公共廁所，如廁一次的代價是一歐元。在英國倫敦，許多火車站廁所需要付費才能使用，但在大多數百貨商場是可以免費使用的。

至於公共廁所是否要收費？不管是從經濟效益，還是從社會公益層面來看，都各有主張，但這裡所謂的公共廁所，狹義一點的定義應該是政府所建立的。主張應該收費的經濟邏輯是收費可以限制廁所的過量使用，而主張不應收費的是基於社會公益，至於民間所設立的公共廁所是否應該收費，處理上應該較簡單，因爲這些廁所並非如政府所設立的公共廁所是共有財。

主張公共廁所應該收費的邏輯，即是站在共有財的立場上，認爲公共廁所如果不收費，將導致過度使用而造成「共有財的悲歌」之下場。反方認爲，公共廁所如果收費，對於高所得者的影響幾乎沒有，但對於低所得者恐怕就有影響。這兩種論點皆有其支持的邏輯。其實，檢視「過度使用」和「無法支付」這兩個觀點，我們就可以發現，這兩者理論的根據，各有不足與偏頗。

首先檢視的是，一個公園的公共廁所，是不是會被「過度使用」？常理上，一個人應該不會沒事就使用廁所，而且過度使用廁所似乎沒有什麼利得可言。或許是衛生紙經常失竊，這的確是一項成本，但現在很多地方的公共廁所衛生紙都是投幣式的，似乎「過度使用」廁所這個問題，已經被市場機制所解決。

再來檢視一下「無法支付」這個限制。

公共廁所如果要付費，這的確會損及窮人的收入分配，因爲他分配到其他經濟活動的開支就會被排擠，因此，他的總效用可能會降低。但是，如果廁所不用付費，使用衛生紙要付費，看來也有資源排擠的問題。

如果公共廁所實施富人收費，且多收一點，用以補貼窮人使用廁所的成本，這樣會不會好一些呢？在其他條件不變之下，富人也許不會在意被多收一點費用，但窮人會不會在意可以免費使用廁所呢？這種二分法，不就在進廁所時，大家就知道誰是窮人、誰是富人了嗎？這種社會階級二分法符合正義嗎？更何況這種方式還有監督與制度設立的成本，甚至也有「道德危害」的問題，或許有些富人會假裝成窮人，當個搭便車者（free rider）呢？

再來考慮一件事，公共廁所其實也有競爭的問題，政府所設立的公共廁所也會面臨到私人所建立之公共廁所的服務競爭，更何況私人所建的公共廁所不只免費，還有專人管理，不管在量還是質上，皆勝於政府所設立的公共廁所。如此一來，如果政府所設立的公共廁所要付費，使用者不就可以直接到私人建立的公共廁所，「方便」一下就解決了嗎？

私人營業場所當然會將本求利，開放廁所不收費這件事，似乎會損及收益，但業者又不收費，短期看起來顯然不利於私人業者，不過長期來看，也許會有無法量化的收益（如品牌、聲譽與社會責任等）。商人算盤打得精，我們當然不能說他們所設立的公共廁所不收費是一種損失啊！

在我看來，公共廁所是否應該付費這件事，應該還是回到市場機制來討論才對。使用者付費絕對是最公平的，問題在於「如何付費」與「該付多少」這兩件事。前者好解決，這是個技術問題，至於後者涉及到，每個人使用廁所到底該付多少錢？從需求上應該可以討論出一個方向，就是「誠實付費」——願意爲每一次使用廁所支付多少費用，但這種付費方式有趣的地方，在於使用者眞的不知道維護廁所的成本，也就是使用者完全站在自己的觀點上認爲每一次使用廁所應該付多少錢，這也是經濟學原理上討論的「需求線上的點」，正因是相對於某個數量，使用者願意且可以支付的最高價格。

誠實付費廁所也許可行，但也有一些障礙，就是可能會產生「逆選擇」，剛好吸引到上廁所不想付費的人；或者發生「道德危害」，有人搭便車，使用廁所卻不想付費。

如此看來，廁所經濟學還眞不是一個容易解決的經濟問題！

公益彩券與窮人稅

經濟學之父亞當．史密斯在《國富論》卷一第十章提到：「過去世上從來沒有，將來也不會看到純粹公平的彩券，即所有賭贏的獎金等於所有賭輸的錢，因爲公平彩券無法讓經營賭局的人賺錢。在政府經營的彩券抽獎賭局裡，每一張彩券的眞實價値，本來就小於認購者付出的價格。」

亞當．史密斯認爲購買彩券的人都妄想得大獎，即便是頭腦清楚的人，都躲不過中獎的妄想，即使他們都知道花小錢中大獎是不理性的想法。大家都以爲，幾個人出資包牌買樂透彩券可以提高中獎機率，但亞當．史密斯可不這麼認爲，他說彩券買得愈多，愈可能輸錢，在數學上是一個極端確定的命題，把全部彩券買下來的人，輸錢的機會是百分百確定的，買愈多張彩券，愈接近這樣的程度。

買彩券以爲會發財，就是高估成功的機率而低估失敗的機率，簡單說就是不理性，既然亞當．史密斯都這麼說了，你還會以爲買彩券眞的會致富嗎？

我沒偏財運

我這個人左看右看都沒有偏財運，連買個彩券也沒中獎過，我真的很不信邪，爲什麼每次買的彩券一個號碼都沒中過，財神爺總是沒眷顧過我，於是乎我採取了「負面表列法」，想試看看運氣眞的那麼背嗎？我發明的負面表列法如下：

選不中六個號碼的機率絕對「大於」選中六個號碼的機率。

看起來好像是廢話，對不對？

這種方式很簡單，我就是假設每張彩券都「摃龜」，六個號碼都不中的機會一定最高，這在數學上是合理的。於是乎，我用電腦選號買第一張彩券，然後假設這一張「摃龜」，再用剩下的號碼選一張電腦選號，也假設這張摃龜，如此下去的話，以過去大樂透四十九個號碼來算，我應該買八張才對（不過，這不代表我買的八張其中一張會中頭獎喔）。

理論歸理論，我還是沒中過任何獎，連四百元都沒中過一次，不過呢，我曾試著用這種方法選號，聊勝於無！

我對買彩券這件事，一點都沒興趣，原因無他，我實在沒偏財運，況且一張五十元，至少還可以些微溫飽一餐，正因爲飽餐一頓是我的機會成本，實在沒必要拿這一餐開玩笑。

彩券就是抽「窮人稅」

我問怡克納米斯會買彩券嗎？他理都不理我！他直說公益彩券根本就是課「窮人稅」，他是窮人，所以不想被課稅！

窮人稅，怎麼一回事？這點就是我的疑問了。

怡克納米斯搖著頭嘆氣說：「亞當．史密斯說過，政府經營的彩券，本來就是一種政府做莊的賭局，而且，是政府包贏的賭局。買彩券就是一種投機的行爲，如果不算投機，中獎也是一種隨機的機率問題。據統計，買樂透彩券（以小樂透為例，四十二選六），損龜的機率是97.0935%，也就是說，你買一百張樂透彩券，大概只有兩張中獎的機會，剩餘的九十八張都會損龜。買一張彩券六個號碼都沒選中的機會就高達37.1306%，也難怪你會經常損龜！至於選中六個號碼的頭獎機率有多少呢？大概是千萬分之1.9而已，看來，還是少做發財夢了！」

彩券行爲的謬誤

「不過呢，買彩券這件事，以及對買彩券的認知，恐怕和職業與學歷高低無關，多少都會存在一些錯誤的資訊，亞當．史密斯不也這麼認爲？比方說，『買愈多彩券，中獎機會愈高！』以這件事來說，不管你的學歷高低，甚至是碩博士的學歷，都會被蒙混了，因爲，這個訊息根本就是錯誤的！我相信你也認爲我在唬人，不過呢，這個訊息的的確確是錯誤的！」他繼續說著他對彩券的看法。

怎麼說呢？我心想，買愈多彩券，不是愈容易中獎嗎？這應該是根深柢固的想法，連公益彩券廣告都這麼說！但我想想，這裡頭一定有所謬誤，造成大家的誤解，而政府單位怎不出面澄清，甚至還火上加油呢？

「要是買愈多彩券中獎機會愈高，也就是說你買愈多彩券，中獎『機率』愈高的意思。於是乎，你可以說買第一張大樂透彩券的中頭獎機會是千萬分之○．七一，買第二張就會加一倍，所以是千萬分之一．四，你就一直買到機率爲『1』時停手，估計一下你約莫要買13,983,816張彩券。至少得花新臺幣七億元以上，你才可以一定中頭獎。不過呢，這不保證你獨得彩金，因爲你可能得和其他人分享這筆彩金，而其他人可能和你花一樣多的錢，或者，他只是花五十元，然後財神降臨，不小心被他中獎！」他提出這樣的解釋。

我想我已經了解怡克納米斯的看法，講「買愈多彩券，中獎機會愈高！」其實就是一種謬誤的說法，營造出中獎的美夢，然而受益者卻是政府單位和發行銀行而已。

這很弔詭吧，即使你花了一大筆錢，你一定會中頭獎，這是事實沒錯，但是，不能說你的中獎機率是1。因爲這其中，只有一組號碼會中頭獎，而你買的每張彩券都有機會中頭獎（因為號碼都不一樣），所以，每張彩券的中獎機率以大樂透而言才千萬分之〇．七一，以威力彩而言更低到只有千萬分之〇．四五，一點都沒變啊！因此，每張彩券中頭獎的機會都很公平，這和你花多少錢「無關」！

「窮人稅」的內幕

老實說，公益彩券只是把投注者的投注金，在投注者之間「把錢分一分」，說專業一點就是「財富重分配」而已，這裡面的民間生產效果並不大。整個公益彩券，系統商的投入有產生經濟效果，而投注站的經濟效果則是以時間和勞力換得不到簽注金額百分之八的佣金作爲收入。

從整體的彩金分配比例來看，將近一半的比例是彩券發行單位和政府所收走的，剩下不到一半的彩金，政府單位還要再抽走至多百分之二十的所得稅，也就是說一張彩券的單位成本是五十元，其中有近六成在你投注的時候就已經被「抽走」了，剩下多少錢呢？大概不到二十元吧！看到了嗎？這就是亞當．史密斯所說的，彩券根本就不是「公平彩券」，玩家永遠都是輸家。

怡克納米斯對於彩券的行爲曾經研究過一陣子，他指出：「關於彩券的行爲研究，Daniel B. Suits 在一九七九年的研究就指出，彩券行爲的價格彈性相當高。正因爲彩券行爲的價格彈性相當高，所以就是對錢的敏感度很高，要是對彩券課以較高的稅率，就很容易產生地下簽注行爲，這樣一來反而不利。現今地下樂透彩券簽注盛行，原因不外乎稅率太高。」

他繼續補充說明：「另外，購買彩券對理智的人和富人的邊際效益不大；易言之，購買彩券較有可能發生在較低收入者和較低知識者之間，也就是『本夢比』極大所致，而較理智的人和富有的人，因爲對財富的認知或擁有程度較高，較不會因爲彩券的出現，而多買彩券少去賺錢。」

我認爲他的意思是說，財富在有錢人身上的邊際效果較低，但是一筆錢在窮人身上的邊際效果卻是相當強烈的，雖然每個人都希望有錢，但是同樣一筆錢，大家的邊際效用卻有很大的差別，講白一點，富人不會想靠彩券致富，但是窮人卻希望透過彩券致富，結果就是政府對窮人抽稅。

彩券的社會成本

「從社會行爲來看，一週開獎數次，全臺灣每週就會陷入瘋狂好幾次，而開獎偏偏又是工作日，要是幾期頭獎連摃的話，大概全臺灣的人都陷入瘋狂狀態。於是乎有人蹺班排隊買彩券，也必須花時間換取彩金，一週總有幾天心神不寧，工作生產力會下降。這也就是說，工作者將其工作時間分配到不相干的彩券行爲上過多，這期間工作生產力就下降或者無生產，所以平均生產力就會降低，產業的生產價值就會減少，減少的額度就看全民樂透運動的程度而定。」只見他語重心長的說出對彩券和經濟行爲的看法。

這樣看來，上班族把時間花在買彩券上，似乎對提升整體社會福利幫助不大，也可能產生很多社會成本，如一些彩券後遺症等，這部分的社會成本，卻會隨著時間增加而累增。

最後看來，政府徵稅的效果一定是顯著的，而且一定徵得到稅收，至於社會公益就看政府單位將彩金部分比例提撥的公益福利效果是否大於彩券行爲的社會成本（這包括浪費掉的資源與生產力下降所產生的成本等），這其中恐怕還需多加質疑了！

看了以上的分析，你還要繼續買彩券嗎？

物價有感，薪資成長無感？

首先，必須先澄清三個觀念，第一，物價上漲並非就是通貨膨脹，物價持續不斷地上漲才是通貨膨脹；第二，經濟社會進步，所得增加，消費增加之後，物價本來就會上漲；第三，物價上漲並非全然是價格機能，物價上漲也非一定是通貨膨脹。

但是爲什麼這幾年，大家對於物價相當敏感，覺得不太好受，或者，更認爲會減損生活的幸福感呢？

嚴格來論，上述這種說法恐怕有點偏頗，也就是說以物價上漲和幸福感這兩件事來比較，當假定的情境不同，答案也不盡然相同。

假定所謂的幸福感來自於每個人的可支配所得是否成長，或者，放得更寬鬆一些，得視薪資（一般上班族的收入大部分來自於薪資）是否成長，而薪資成長幅度還得大過物價上漲程度，人民才會有幸福感。

爲了計算幸福感是否有所增加，就必須對一段時間的薪資和物價進行比較。根據行政院主計總處提供的「受雇員工薪資調查統計」中得到的二○○二年到二○一六年「平均薪資」與「經常性薪資」（如下表所示），看起來是有成長，但平均薪資增加七千二百六十元，成長率爲百分之十七．五；經常性薪資增加四千四百九十二

表1 平均薪資與經常性薪資 （新臺幣／元）

年度	平均薪資	經常性薪資
2002	41,530	34,746
2003	42,065	34,804
2004	42,680	35,096
2005	43,159	35,382
2006	43,488	35,724
2007	44,392	36,319
2008	44,367	36,387
2009	42,182	35,629
2010	44,359	36,214
2011	45,508	36,689
2012	45,589	37,151
2013	45,664	37,527
2014	47,300	38,208
2015	48,490	38,716
2016	48,790	39,238

資料來源：行政院主計總處

元，成長率爲百分之十三。似乎可以下一個定論，就是薪資成長「有感」的幅度，好像不怎麼高。

這裡必須澄清一下，主計總處發布的薪資統計，經常性薪資是指每月給付受僱員工之工作報酬，包括本薪與按月給付之固定津貼及獎金，如危險津貼、交通費、膳食費、水電費、按月發放之工作獎金及全勤獎金等，但是平均薪資卻包含了加班費與獎金（非按月發放之工作獎金、年終獎金、員工酬勞、端午、中秋或其他節慶獎金、差旅費、誤餐費、補發調薪差額等），所以平均薪資一定高於經常性薪資。

光看薪資是否成長，無法確定人

圖1　薪資指數與物價指數比較（2011年＝100）

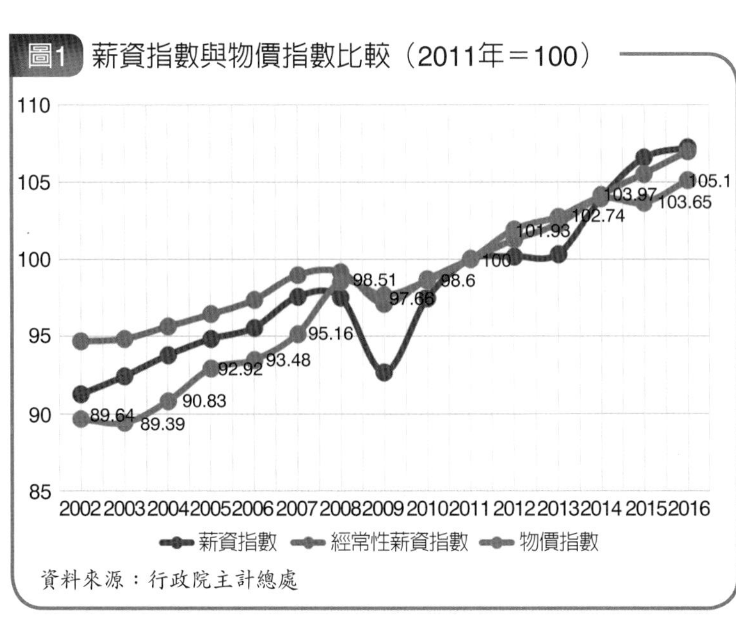

資料來源：行政院主計總處

圖2　薪資指數與物價指數差異（2011年＝100）

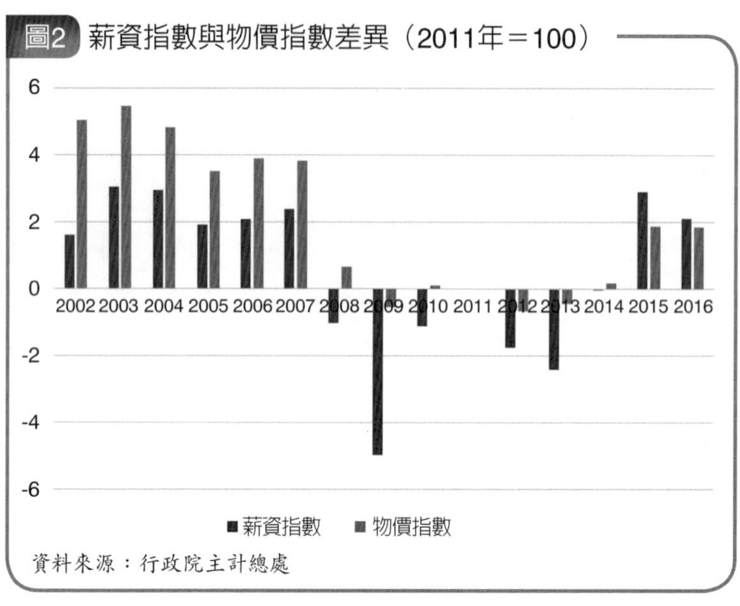

資料來源：行政院主計總處

民的幸福感是否能夠「有感」，還須同時比較薪資與物價指數。圖1把二○一一年的薪資當成基數（二○一一年＝100）和物價指數進行比較，並繪製爲折線圖以利比較。

化爲指數後，可以很清楚的得到一個相當重要的訊息，即是平均薪資和經常性薪資在二○○七年前領先物價指數，尚可以保持住相對成長（圖1），但在二○○八年以後，薪資的成長幅度卻大幅落後物價的成長，直到二○一五年以後，薪資成長率才超過物價成長率。

從圖2得知，平均薪資、經常性薪資與物價指數相較之後的落後幅度，二○○七年前領先物價，但卻在二〇〇八年後開始大幅落後，尤其以二〇〇九年落後幅度最高（金融海嘯影響）。因此，從主計總處的資料來看，假定幸福感來自於薪資成長的幅度高過物價，數據證明，幸福感恐怕已經「無感」了。

油電雙漲

當民眾發現，薪資的成長無感，物價卻有感成長，然又遭逢電價和油價雙雙「上漲」的同時，當然會覺得幸福感再度打折，痛感加劇。尤其當家庭的可支配所得不高，物價又大幅上漲，可支配所得的下降比率，絕對會高於可支配所得較高的家庭，這種社會邊緣的族群，受創感當然更深。

二〇一二年四月一日，經濟部宣布四月二日起取消油價緩漲機制，讓中油一次回收六成累計「應漲未漲」金額，而經濟部解除油價緩漲機制之後，未來油價還將會「充分反映成本」。

油價漲了，電價也醞釀要漲，原本訂於二〇一二年五月十五日要漲價的電價，在民怨沸騰之後，馬英九總統在五月一日緊急宣布三階段調漲電價，並延至六月十日實施。一階段一次調漲的電費，到最後拍板定案的卻是分三階段「減幅」調漲電價，但民眾的痛感並不會減緩，或者延後發生。

油電雙漲起跑之後，臺灣的物價似乎從蠢蠢欲動到幾近崩盤，而且，這一次的油電雙漲，極有可能引發一連串的物價調漲，甚至連房價也醞釀大幅調漲，但調漲的理由竟然是「買房抗漲」。這其實是個相當荒唐的說法，豈有口袋裡的錢變少了，卻還要貸款買房呢？

蛋餅漲價了

當年油電雙漲後，物價幾乎是失控。

早上固定幫女兒買的玉米蛋餅原本是二十元，油電雙漲後沒幾天，老闆就貼出漲價公告，一口氣漲五元。想想，一份玉米蛋餅裡，了不起就一顆蛋、一張餅皮和幾顆玉米罷了，價格調漲四分之一，怎麼說也看不出道理在哪？本於價格彈性的機能，只好回家和女兒說，玉米蛋餅漲價，早餐換點別的吃吧（飯糰沒漲價，可以替代）！

我想，應該可以從一份玉米蛋餅的成本組成裡，看出成本結構的端倪，到底哪個因素造成玉米蛋餅漲價百分之二十五？就玉米蛋餅漲價這點，應該可以請怡克納米斯表達一下他的見解。

怡克納米斯認爲：「簡單來說，一份玉米蛋餅的成本結構分爲固定成本與變動成本兩項，固定成本不外乎是租金、加盟金、電費、水費和薪資成本的組合，一份玉米蛋餅需要攤提的成本，應該視早餐店整體的產出量來決定。」

「但據我所知，固定成本並沒有變動，即使是油電雙漲宣布了，實際上成本中的電價尚未反映，所以固定成本應該沒有變動。既然固定成本不變，漲價的元凶就可以限定在變動成本的部分。把玉米蛋餅的成分拆解後，組成內容包含甜玉米、沙拉油、麵皮和雞蛋，而這當中有個共同的因素就是運費。」怡克納米斯繼續補充說明他的看法。

但我的想法卻認爲，早餐店玉米蛋餅漲價，豬肉和漢堡沒漲，想必運費上漲應該沒有影響到麵皮、雞蛋和沙拉油（這三者是共通的組成）元素才對，所以，元凶會不會是玉米呢？

很簡單，爲了要驗證玉米是否漲價，直接到海關和農糧署的網站，查閱相關的價格統計資料，就可以知道玉米是否就是玉米蛋餅漲價的元凶？

臺灣的玉米幾乎都是進口的，透過農糧署高雄港進口雜糧的統計資料，可以很清楚地發現一件事，即玉米自二〇一一年十月下旬以後就呈現跌價的趨勢（如圖3），那麼是不是可以證明，漲價的元凶根本不是玉米呢？

怡克納米斯端詳了一下農糧署的數據，既然進口玉米沒漲價，那就代表上述的分析邏輯派不上用場（代表早餐店的漲價邏輯不通），只能逐步分析每個組成元素的價格，會不會是沙拉油漲價呢？

怡克納米斯就是有那種福爾摩斯的偵探精神，開始抽絲剝繭玉米蛋餅漲價的元凶，究竟是何者？

沙拉油是由大豆搾成的，而臺灣的大豆大都依賴進口，同樣的，也可以透過農糧署的進口資料確認，大豆是否有漲價呢？

從圖4農糧署的統計資料顯示，怡克納米斯發現進口大豆的價格自二〇一一年十二月中旬跌到谷底後，便迅速上升至每公斤18.31元，因此，沙拉油漲價似乎「有所本」，但是不是漲價的元凶，尚待釐清。

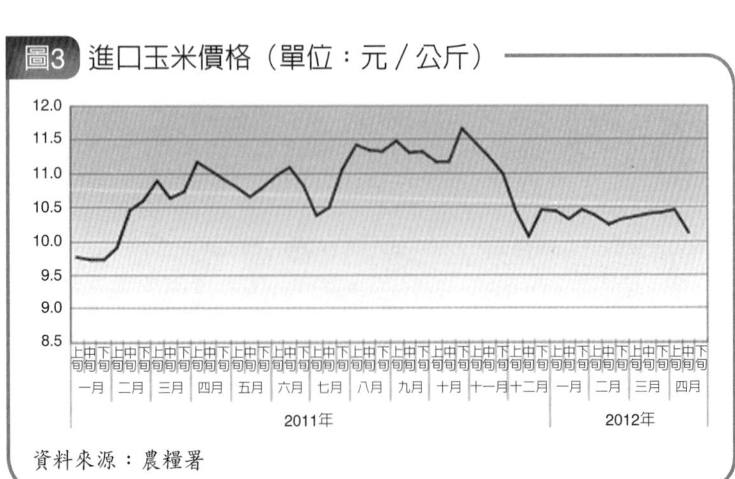

圖3 進口玉米價格（單位：元／公斤）

資料來源：農糧署

至於麵粉價格，一樣的道理可以從進口小麥的價格來推論，麵粉是否漲價有理呢？

我剛好找到一篇報導提供給他參考。

根據新聞報導指出，芝加哥期貨交易所（CBOT）三大農產品期貨在二〇一二年五月二日全面下跌，受作物種植進度佳以及美元上漲的影響，七月小麥大跌百分之四．四，成為每英斗6.1450美元。

怡克納米斯發現一件事，既然小麥已經跌價，照理說麵粉也應該跌價才對，但實際上國際的小麥價格已經連續走跌好幾個月，卻沒有反映在麵粉的售價上，也就是說，麵粉跌價，但市售麵包竟然還漲價？

圖5表示芝加哥期貨交易所中小麥的價格趨勢，可以得知小麥在二〇一一年九月後的期貨價格就大幅跌落，照理說，麵粉的價格應該

圖4　進口大豆價格（單位：元／公斤）

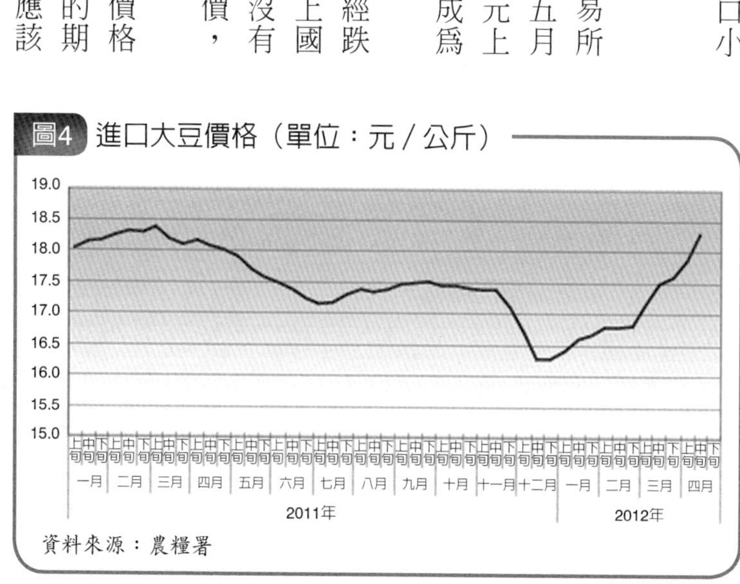

資料來源：農糧署

也會下跌才對？

至於蛋價呢？怡克納米斯根據圖6養雞協會雞蛋產地交易行情圖來看，雞蛋的產地價格近一年內雖有幾次起伏，但基本上還是呈現緩漲的趨勢。

有了上述的數據作爲證據，我和怡克納米斯一致認爲，一份玉米蛋餅的組成中，雞蛋和沙拉油漲價，但麵粉和玉米跌價，那麼玉米蛋餅的漲價，到底元凶又是誰？我們共同的想法是，元凶應該指向油價，因爲油價上漲，導致運輸費用也跟著上升，最後反映到終端售價。

就在油價解除凍漲後，曾有新聞報導指出，貨運業者將和貨主協調提高運費百分之十五至百分之二十，這樣一來，即使原物料不漲反降，運輸業者調漲運費，額外增加的成本，似乎也會轉嫁到終端消費者身上。

圖5 國際小麥期貨價格（單位：美分／英斗）

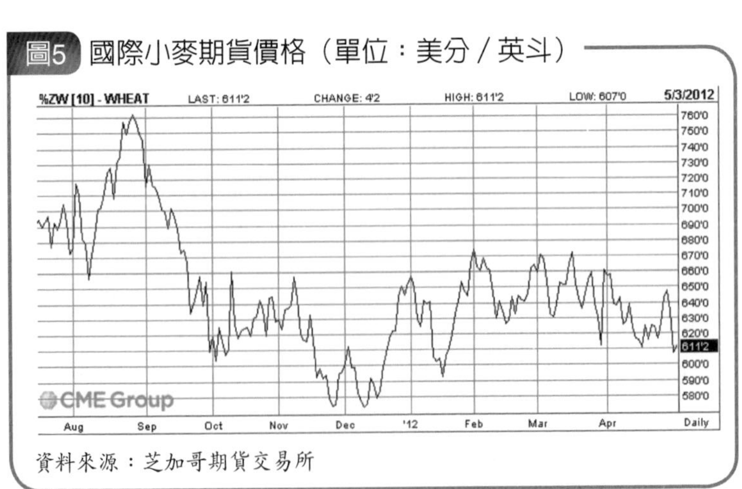

資料來源：芝加哥期貨交易所

價格轉嫁的效果

怡克納米斯補充他的說法：「根據供給和需求彈性的不同，轉嫁給終端消費者的程度也會不同。當其他條件不變時，價格彈性較高，價格上漲意謂供給減少，此時，價格的轉嫁並不盡然完全由消費者承受，而是大部分的比例爲廠商所承受。反之，當價格彈性較低，對消費者轉嫁的幅度就會變高。」

怡克納米斯提出他的圖解進行說明，S爲供給線，D爲需求線，均衡價格爲P^*，均衡數量爲Q^*；當價格上漲時，意謂S移動到S'，

圖6 產地蛋價趨勢圖（單位：每元／600公克）

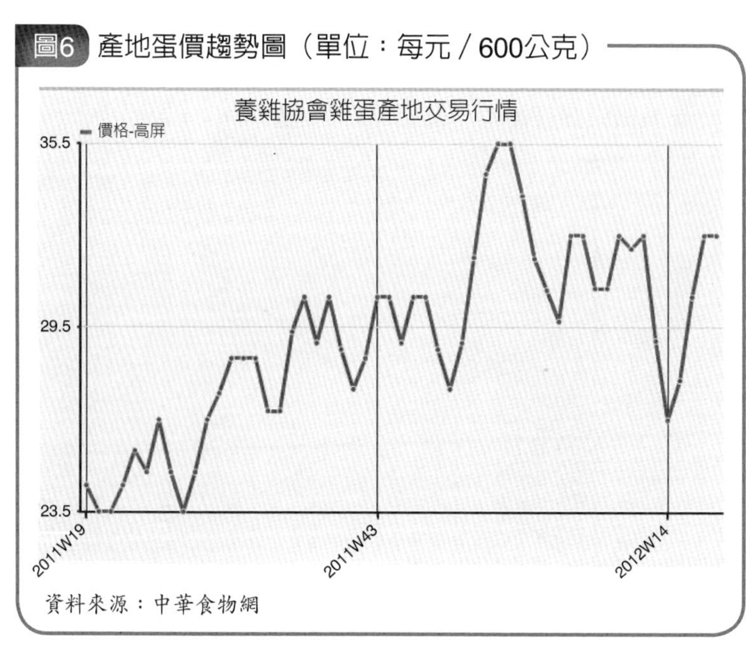

資料來源：中華食物網

新的均衡價格變成P_1，新的均衡數量爲Q_1，P_1和P_2爲漲價的幅度。從圖7可以了解，雖然漲價的幅度是P_1、P_2，但消費者所感受到的是P_1、P^*間的漲幅，也就是說，廠商得吸收P^*、P_2的價格，和價格乘積後，可以判讀出圖上色塊爲消費者吸收的部分，遠小於廠商所須吸收的網狀色塊面積，也就是說，當消費者的價格彈性較高時，即使漲價，會被轉嫁的幅度也會較小。

反過來說，當價格彈性較低時，因爲漲價所轉嫁給消費者的幅度P_1、P^*，就會高於轉嫁給廠商的幅度P^*、P_2（如圖8所示）。

圖7　當價格彈性高時，價格轉嫁到消費者的效果較小

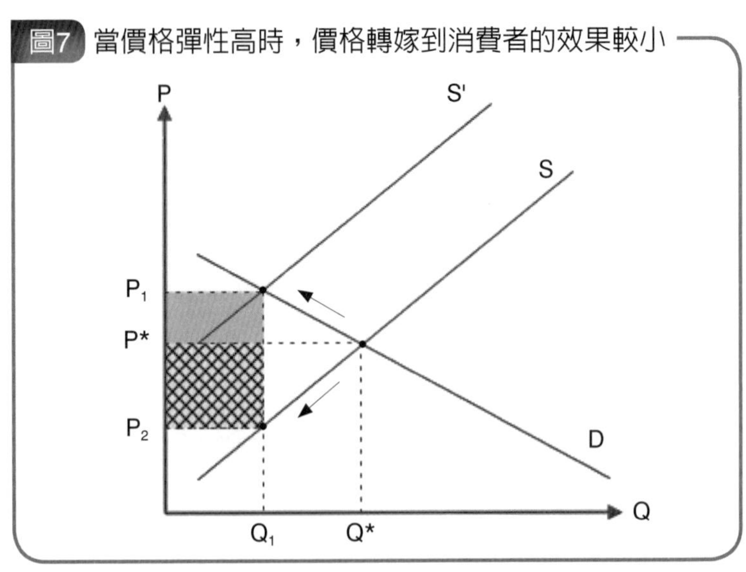

運費要漲價？

我去了趟超市，固定買的某個品牌洗髮精，原價七十元，算是一個窮酸男人算盡成本效用後，唯一可以接受的品牌，但售貨小姐提醒我，下次進貨換包裝時，這個品牌的洗髮精價格就要調整為一百一十五元了。不會吧？一口氣調漲百分之六十四，也看不出道理在哪？我當下認為，即使是石油漲了，部分石化原料做成的洗髮精，也沒理由大幅漲價，然而業者的理由竟然是「運輸費用增加」。售貨小姐說：「沒關係，鹽巴沒漲，改洗鹽巴好了！」

根據《蘋果日報》在二〇一二年四月四日一篇「豈有此理，貨運，洗髮精

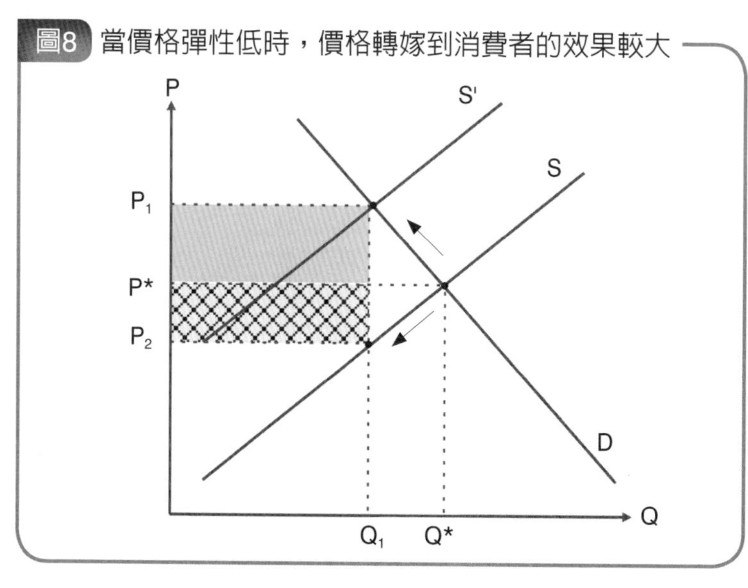

圖8 當價格彈性低時，價格轉嫁到消費者的效果較大

漲兩成——油價漲一成，政府帶頭哄抬物價」的調查指出，民生用品及運費漲價資訊如下：

1. 速食業者：百分之三十四。
2. 個人清潔用品：百分之四至百分之二十四。
3. 貨運運費：百分之十五至百分之二十。
4. 食用油：百分之三。

我發現當油價上漲後，物價幾乎是失控的調漲，即使是電費尚未調漲，民生物資幾乎是全面性的調漲，這是「鐵的事實」啊！

物價調漲有理？

我搞懂一個道理了，油電漲價是一個事實沒錯，但物價漲，到底是成本推動的物價上漲，還是業者趁機哄抬呢？換包裝就漲價，怎麼說都是刻意的：「我換包裝，又不是漲價！」

犯罪心理學有個「破窗理論」，此理論認爲環境中的不良現象如果被放任存在，會誘使人們仿效，甚至變本加厲。那麼，這一次的物價飆漲，甚至是失控邊緣，可能也是破窗理論的現象，問題在於到底是誰先打破這扇窗？我想，答案應該很清楚了。

政府帶頭將過去扭曲的油電價格，試圖導回正軌，這本意沒錯，但時間上總是讓人有點「火上加油」的感覺（為什麼以前不反映？）。這會兒，企業剛好找到「破窗」的凶手，哄抬物價的罪責，輕鬆地丟給政府收拾，頓時之間毫無壓力。如果政府打壓漲價，即可丟出「只許州官放火，不許百姓點燈」的說法回應？

破窗一開，連帶的房價也趁勢上漲，建商的說法是物價膨脹，買房置產是抗通膨的唯一選擇，這分明是誤導，豈有口袋沒錢，卯起來買房抗通膨？建商這種說法，當天就被外資甩巴掌，丟出「賣出」的評價。還好央行彭總裁注意到房價點火的態勢趁勢而來，趕緊下令將房價放入物價監控的標的，不然，臺灣的房價又再度被炒得火熱，這危機可大了。

價格的波動，本來就是市場機能，但這一次，偏偏就是一次人爲的危機，政府並未清楚掌握物價波動的問題，率爾就提出油電雙漲，事後再到處「滅火」和「消毒」。

既然早知如此，又何必「當初」呢？

晚上帶小朋友去速食店用餐，一份兒童餐，一份正餐，結帳前順便問一下正餐有漲價嗎？櫃檯小姐回說沒有，但優惠價結束，回復原價了。那麼，我只好點一份兒童餐就好，正餐就免了，因爲實在是阮囊羞澀，只能撙節開支了。

你要通膨（行政院還說適度的通膨不是壞事），但收入沒漲，我就節制消費，大家少消費，經濟成長就不保，這一把火就會從底下一路往上燒，燒到企業，燒到政府，燒的這一扇破窗，恐怕是「紙窗」了！

英明的政府，你說這扇破紙窗，可要怎麼補才好？

電價是物價調漲的代罪羔羊？

《工商時報》二〇一二年四月二十七日的一篇社論〈處理通膨不是找代罪羔羊就夠了〉，作者打了一個有趣的比方：

一個坊間流傳的笑話：有個九十二歲的老翁娶了個二十九歲的新娘，三個月後，老翁很興奮地闖進家庭醫師的診間，告訴醫師：「我太太懷孕了！您覺得如何？」

醫師想了一下，告訴他：「這讓我想起多年前在非洲旅遊時發生的故事。當時我一路觀賞美景，不小心脫離了隊伍，等我回神一看，正前方有一頭猛虎撲了過來，情急之下，拿著手上僅有的一根枴杖當作槍對準老虎，大叫：『碰！』結果老虎就被打死了……。」

故事還沒說完，老翁立刻插嘴回應：「這怎麼可能？一定是別人幹的！」

醫師回答：「嗯，我也這麼覺得……。」

好吧，社論作者的意思是說，大家把通膨的凶手歸因爲「電價」，但實際上是冤枉了台電公司，台電只是代罪羔羊罷了，而眞正的凶手，應該是「價格機能」才對。

眞的是價格機能嗎？這又讓我好生疑惑。

但怡克納米斯可不這麼認爲。

他說：「假定一個市場在政府不加干預，市場價格資訊充分、效率良好，完全任由供給和需求雙方來決定均衡價格，在供給不變的情況下，需求的增減，決定均衡價格的增減與需求數量的增減，這是同向變動。在需求不變的情況下，供給的增減，決定均衡價格與需求數量的增減。但是，供給與需求雙雙變動，結果就複雜了，另外也牽涉到價格彈性的問題。」

我問了怡克納米斯我的疑惑：「也就是說，價格機能不能夠隨口說說？」

怡克納米斯提醒我，價格機能是個理論沒錯，但也不能完全不到市場看看事實究竟爲何，就硬生生說凡事都是「價格機能」啊！而且，到底均衡價格與數量的變動如何，在動態的環境之下，誰都沒辦法說得準，或者應該說，是哪個環節的短期均衡。

這又讓我想到我在《搞笑經濟學》中提到的一個笑話：

有人告訴一位數學家、一位理論經濟學家和一位計量經濟學家說，有間沒有任何燈光的密閉房間裡有隻黑貓，看他們誰能抓得到。

其實，這個房間裡根本沒有黑貓。

數學家先進去，拚命找那隻並不存在的貓，結果發瘋了，只好被送進精神病院。

理論經濟學家進去後折騰了一番，還是沒找到貓，出來後還得意洋洋的說，他可以搞一個數學模型，然後很精確地描述他在房間裡的運動軌跡。

最後，換計量經濟學家進去這間房間。

計量經濟學家躡手躡腳地走進房間裡，然後花了一個多鐘頭找尋那隻並不存在的黑貓，卻只聽他在屋子裡大叫：

「哎喲，我的脖子被貓抓了一下！」

我認為經濟學家很容易就會受限於他的專業，在假定的環境裡提出很虛無的見解，所以，這波物價上漲的問題，究竟誰是羔羊？或者說根本只是一隻不存在的

「黑貓」？

但怡克納米斯笑著說，這意思剛好相反：「經濟學家認爲物價上漲，台電是羔羊，價格機能才是凶手。但退一步說，上面這個假設是在黑屋裡，那麼屋子裡，你有沒有想過，也許根本沒有經濟學家所講的這隻黑貓？說凶手是價格機能，大學生都提得出來，根本毋須立論一番來說明，卻幾乎無視廠商趁機哄抬物價的動機與事實，這與現實脫離太遠。」

物價不是黑板經濟學

千萬不要用「黑板經濟學」來解釋現實社會，這是教我經濟學的老師千叮萬囑的，也就是說，「黑板經濟學」根本就是那隻不存在的黑貓，然後經濟學家對著這隻黑貓點頭如搗蒜。

這又算哪一門子的經濟事實？

但我也不是說，廠商「一定」會哄抬物價。

物價開始上漲的時候，消費者本來就會有「預期心理」，短期內一定會囤積，多買一些，那麼，需求是提高了，均衡價格有機會（有機會不代表「一定」）提高。但當物價眞的漲了，消費者的預期眞的準了，消費者的預期心理還會一直推升物價嗎？有可能是新的均衡，有可能短暫均衡後繼續推升？誰知道呢？

教我經濟學的老師還提醒我一件事，就是「答案根本不只一個」，也就是說，經濟學家所提出的見解，根本就不是「標準答案」，甚至，他還大有機會誤導我們。

這一次的物價上漲問題，根本是「破窗效應」，也就是說，政府油電上漲打破過去扭曲的價格這扇窗，但破窗之後就要有心理準備，正因隨時會有人朝這扇破窗丟石頭（事實證明政府根本就沒心理準備）。如果這種「投石問路」的漲價都沒事，難保不會有更多人去破窗，大家一起承受的問題，反而因爲參與者過多而被稀釋掉「罪惡」。

要了解物價爲何上漲？是人爲？還是價格機能？其實有很多種方法可以去驗證、去查證，若只憑一句「價格機能」，經濟系大一程度的學生都說得上來了！

房價，豈是供需決定？

臺灣的高房價早已是個問題了，很多朋友都會問我，房市會不會泡沫化？房價會不會崩盤？坦白說，我認爲房價支撐力的確有限；易言之，當房價的支撐力被抽離時，房市當然有危機，只是說這個危機到底有多大？沒人能夠料得準。

有一篇雜誌的報導，雜誌社派出了兩位主筆和官方代表對談，主題是「政府打房是否能讓房價在短期內下降」。文章題目很吸引人，我也被這個標題所吸引，但標題分明是談房價能否在短期內下降，文章一大半卻是兩造針對房價的議題展開交鋒。我認爲內容可能失焦，但還是花了點時間把整篇文章看完，簡單給個心得：兩條平行線，沒有交集！

先廢話談一下，經濟學最主要的思想架構就是供給與需求，但我們也常見很多對經濟學其實並不了解的專家學者，開口閉口供給、需求和價格機能，這個現象非常普遍（不敢講很嚴重），正是因爲薩默爾遜說過：「只要教會鸚鵡講供給需求，鸚鵡也會變成經濟學家。」（另一種說法是十九世紀早期，英國經濟學家麥克庫洛赫（J. R. McCulloch）講過：「把一隻鸚鵡訓練成一位差強人意的政治經濟學家，只需教牠一句話就行了：供求啊供求。」）就薩默爾遜的意思，我猜想是他要我們小心眼皮下有很多僞經濟學家，因爲他們只會講供給與需求而已。

供需自成市場？

房價眞的是供需決定的嗎？

翻開經濟學原理，一開始就是談供給與需求，供給線是條正斜率的線，需求線是條負斜率的線，兩條線一交叉就出現均衡價格與均衡消費量，供需自成市場已經成爲經濟學的口頭禪，但眞的是如此嗎？尤其是談到大家最爲詬病的房價時，事實眞是如此嗎？

我最近想買房子，但賣方所提出的價格遠遠不是我認爲合理的價格，我找了銀行估價，依銀行保守估價的原則，通常都是在七成以下，所以我認爲合理的成交價應該是銀行保守估價多加個百分之五到百分之十。但這個價格也遠遠不是賣方所願意接受的，當然就無法成交了。但問題是空屋率居高不下，建商大量搶建，在市場需求不變之下，照理說房價應該下降才對，怎還會一路漲價呢？顯然，供需自成市場這件事放在房屋市場，可能有適用性的問題。

「供需自成市場」這件事，怡克納米斯皺起眉頭，深深地不以爲然，我想他一定認爲我們不清楚經濟學的定義，胡亂變成薩默爾遜和麥克庫洛赫講的那隻鸚鵡。

怡克納米斯提出他的說法：「經濟學談供給與需求，認爲可以一以貫之用這個模型來解決很多經濟問題。但談到供需自成市場時，就必須小心了，因爲這句話有很多假定的前提，通常經濟學家會以爲我們都懂了，所以這些前提也就當成廢話略去不談，但魔鬼就在細節裡，小老百姓千萬不可聽聽就算了，最主要的前提是，供需自成市場是假定在『完全競爭市場』下才有機會，但市場上很難找出一個完美的完全競爭市場。所以說房價是由市場決定的，條件放寬一點，這句話可以爲眞，但說『房價是供需自成市場』，這句話可得好好搖頭了。」

我好奇地問怡克納米斯，爲何房屋市場不是完全競爭市場呢？我後來發現，當我問這個問題的時候，代表我又忘了經濟學原理如何交代完全競爭市場。

果然，怡克納米斯狠狠的瞪了我一眼：「難道你忘了什麼是完全競爭市場的特性嗎？」我一口氣開始背出經濟學原理的完全競爭市場特性，直到我講到「市場訊息暢通準確，市場參與者充分了解各種情況」這點時，被他打住了。

「根據你以上所言，房屋市場如何是個完全競爭市場？又如何供需自成市場呢？」怡克納米斯瞪著我說。

說眞的，的確不是！

跟據定義，完全競爭市場具有以下幾項特質：

第一，市場上的廠商與消費者太多，任何一方都無法影響價格；

第二，產品具有同質性；

第三，任何一家廠商都可以自由地進出市場，且無法取得壟斷利益，僅能賺取正當利潤；

第四，市場上的買賣活動完全自由、公開；

第五，市場訊息暢通準確，市場參與者充分了解各種情況；

第六，市場上的資源可以自由流動。

被他這麼一點醒，我才知道我也是他眼下的那隻鸚鵡。

房屋是什麼商品？

回頭來看這篇報導。

一開始官方代表認爲房屋並非一般商品，但雜誌社的主筆認爲房屋與一般商品無異，一開始的兩條平行線，以後當然也不會有交集。

我想，很多人都會認爲商品就是商品，難道經濟學認爲的商品還有其他不同之處嗎？當然有很大的不同之處，經濟學的商品又分正常財、劣等財、季芬財和炫耀財，各有不同的特質。

房屋，當然是個商品（財貨），然而是什麼樣的商品？這點就必須好好定義一下。首先，經濟學認爲商品分爲兩種，正常財與劣等財，顯然，對房屋的需求會隨著所得增加而增加，所以房屋鐵定是個正常財沒錯。（我認為這裡把所得定義為實質所得會比較精確一點，但臺灣的實質平均薪資倒退，為何大家還拚命買房，房價直漲，這是哪種道理呢？）

但什麼是「一般」商品呢？這個形容詞我沒見過，我猜測是「到處都有的」商品，房屋當然是，但這裡有個限制，就是每個建案的房屋都是唯一的，也就是說，你我根本找不到條件完全「一模一樣」的房屋，或者是趨近於一樣的房屋。舉個簡單例子來說，你我可以很容易在便利商店中找到一模一樣的任何產品，因爲都是規模經濟下的規格化產品，但房屋就偏偏不是，所以房屋是一般商品，這句話說不通，再說房屋是一般商品且價格由供需決定，當然更不通。

怡克納米斯清清喉嚨說：「很顯然的，你已經清楚知道房屋不是一般的商品，但你又提到爲何實質所得（薪資）降低，房價飆漲，但大家又拚命買房的現象，代表你認爲房價並非完全由供給與需求雙方所決定，正有其他因素影響房價。」

我認爲怡克納米斯提到了重點，舉豪宅市場爲例，那根本違反需求定律，價格愈高，竟然消費量愈高，然而怡克納米斯顯然不怎麼「完全同意」我的說法。

「你講的豪宅市場違反需求定律，看起來的確是這樣沒錯，因爲你只考量價格因素，所以你認爲豪宅是『炫耀財』，但如果你從豪宅市場裡往外看，豪宅市場眞是違反需求定律嗎？」怡克納米斯提醒我應該再具體提出我的看法。

美國社會學家韋伯倫（Thorstein Veblen）在《有閒階級論》（*The Theory of the Leisure Class*）一書中提到，十九世紀末期的美國上流階級中，那些與企業密切往來的暴發戶，稱其爲「有閒階級」（*leisure class*），他認爲這些有閒階級透過消費奢侈與昂貴的物品，以保持並展現其身分地位。

韋伯倫認爲消費者購買一個產品，若該項產品的價格並非由產品本身所決定，卻是由提供產品的環境和包裝所決定，而且價格愈貴愈有人買，稱此現象又名爲「炫耀性消費」（Conspicuous Consumption），而消費者所購買的這類商品則被稱爲「韋伯倫商品」（Veblen Goods）。

我認爲豪宅商品本質上不脫上述炫耀財與韋伯倫商品的特質，因此，我們當然不能「等閒視之」，認爲豪宅僅僅是表現出財富罷了，更重要的是，購買豪宅的動機一定存在「符號價值」所彰顯出的社會地位、形象、聲譽等外部經濟效果，這些當然可以視爲一種「無形資產」。曾有經濟學家認爲韋伯倫的說法違背需求定律，但張五常教授分析認爲，炫耀財並沒有違反需求定律，只是人們消費炫耀財時，同時也是購買「炫耀」這個商品。直言之，販售炫耀商品的業者早已將炫耀的效用內部化到商品價格內了。

舉例來說，臺北市曾經對豪宅課徵豪宅稅，但事實上並未讓豪宅市場降溫，反而更讓豪宅漲價。很多人認爲是賣方將豪宅稅灌水在總價當中，其實這是忽略了豪宅市場不能用一般商品市場的方式思維，而是公部門宣告某個建案得課徵豪宅稅時，這效果不就等於政府幫忙賣方背書，原本大家口頭號稱的豪宅，在官方掛保證之後，變成「物以稀爲貴」的「眞豪宅」了。直言之，豪宅稅對於眞豪宅和一般住宅根本沒有影響，然而對於邊際的豪宅來說，一旦被視爲豪宅，不就是披金戴銀眞的變成豪宅了嗎？所以，豪宅稅的推出根本無法壓抑房價，反而更有可能會拉抬部分地區的房價。

不動產無法供需自成市場

在供需自成市場中，買賣雙方一個巴掌拍不響。在價格機能中的這個價格，當然是彼此願意而且可以接受的價格，所以會成交，不用第三者去干預。就像你今天買一瓶可樂，你可以選擇去便利商店買，或者去一般超市買，或者去量販店買，反正你一定買得到，但價格一定有所差異，如果你接受這個價格，這當然是供需自成市場。便利商店方便，但貴了點；超市遠了點，但價格便宜一些，量販店可能最便宜，但你得一次買多一點，沒人逼你，所以供需自成市場，而且可樂一瓶多少錢，消費者心中一定有個譜。

但房屋偏偏就不是，光是要比較就難了，而且決定房價的變數有好幾個，這些變數有些是不透明的，既然不透明，消費者就更難以比較，這就是資訊不對稱，對於掌握有利資訊的一方，當然有誘因操縱價格，不能說這也是「供需自成市場」吧？也不會有人認爲被操弄和被騙也是應該的，難道被騙與買貴了都是活該嗎？恐怕不會有人這麼想。

房屋是不動產，在不動產的市場中，自然無法用供需自成市場來論，但是房屋價格仍受供給與需求影響，這樣的論點或許比較切近事實。

既然房屋價格無法用供需自成市場來論，到底什麼才是合理的房價？官方代表認爲，國際上有很多指標，譬如說房價所得比，超過這些指標太多，可以論定有泡沫化的傾向。但媒體主筆認爲，所謂的泡沫並非有所本，而是主觀的定義。兩造的說法當然沒太大的問題，如果我們認爲泡沫化是機率的話，我們也不能去質疑機率的問題，就像我說今天的天氣看起來陰陰的，夏天吹南風，溼度計上相對溼度是百分之九十，有點颳風，我幾乎可以斬釘截鐵的說「今天會下雨」，然後我決定出門帶把傘。至於是否一定會下雨呢？我可不敢保證。放寬一點說，每個人認爲的機率當然不同，只要氣象報告說下雨機率大於白分之四十，我出門就得帶傘了，然而氣象局也不敢斷言有四成的把握會下雨，就一定會下雨啊！

所以房價當然可以有個指標，物價也有指標，貨幣供給也有指標，只是經濟學家沒辦法給你一個很精確的定義，超過什麼門檻「一定」會出事，那麼經濟學家就是預言家了。

所以，官方與媒體兩造的對話，簡直是兩條平行線。

談到房價時，媒體主筆認爲房價是反映服務未來的現值，一般來說，我們會認爲股價是反映一段時間獲得股利的現值；同樣的，房屋若是拿來收租的，租金的現值就會反映房價，所以他認爲房價所得比豈能用現在的所得來反映未來的房價？房價既然是反映未來租金的現值，所以房價反映的當然是現在的價格（因為已經折現了），所以房價所得比的時間點並沒有錯，因此官方代表才會說已經都考量折現了，這種比值可以反映現實。

房市會不會有泡沫？

我認為房市當然會有泡沫，這意思是說，我認為房市具有投機的成分，如果投機的成分太濃，萬一市場走下坡，當然會有泡沫危機，也就是說，我們現在看到的房價有兩個組成部分，一部分是真正的價格，一部分是投機所反映的價格，因為買房不單是為了自住，甚多可能是為了投資，如投資的需求大於自住的需求，當然有泡沫化的危機。

如果界定房市有泡沫的傾向，這個泡沫可以說是需求端的泡沫，那麼，政府打房應該是從供給端動刀，還是需求端動刀？也就是說，徵稅的方式是對商品課稅，就是對供給端課稅，在其他條件不變之下，供給減少當然會提高價格，提高地價稅就是一種方式。若課奢侈稅呢？那是對需求端在一定時間內「賣出」時徵稅，可能會降低需求（但對自住者沒有影響），在其他條件不變之下，價格會跌落。但如果要轉手賣出，原來的買方變賣方（供給端）後，會不會對價格加碼呢？房價如果反映當時的需求與供給狀況，賣方是不是要完全轉嫁，就得去判斷時機點（還有折舊因素等），當資產價格大幅度跌落時，也許連轉嫁的機會都沒有。

如果房屋市場出現泡沫風險，政府要出手干預，是要對供給端干預，還是需求端干預呢？這是我的疑問，當然，我認爲以怡克納米斯長時間對房屋市場的觀察，一定有他的見解。

「我認爲這個問題不容易解決，早已經是沉痾難解了。正是因爲房屋市場已經演變成投機市場，就像每個人都是賭徒一樣，而且每個人都認爲賭贏的機率太大，這當中政府、銀行和建商都要負責，因爲都參了一腳，不管對需求端還是供給端動刀干預，最終都會有人受傷，只是我們願意承擔讓這三者當中任何一個坐以待斃，或者自生自滅嗎？」怡克納米斯語重心長的說出他的想法。

的確，房屋市場的問題太過複雜，如果大環境中沒有低利率與政策搧風點火，加上銀行流動性增加，頭寸無處可去，說什麼也吹不起這個泡沫。

我認爲房屋市場的確有泡沫化的風險，這個泡沫是需求泡沫，所以要讓市場降溫，得從需求端著手。然而這個泡沫是政府、銀行與房地產業者所共同製造出來的，而且缺一不可，但卻是全民必須承擔的「共業」。現在一打房造成市場受挫，這三者又是連環船，任何一方都可以出來恐嚇，手段萬萬不可過度激進，一不小心就是「火燒連環船」，全民必須去承擔這個災難（就像過去雙卡事件），但弔詭的是，錢都被這些人賺走了，萬一市場崩潰，這個苦果要全民承擔，是不是也太超過了呢？

我終於了解怡克納米斯所言「沉痾難解」的說法了。

如果你問我政府打房要在兩、三年內讓房價下降三成，是不是玩眞的？我可以簡單說，以預期心理來說，如果政策讓人民猜到的話，效果會打折，如果政府眞的讓市場信以爲眞（打眞的），市場一定會有所「動作」，譬如說趕緊把囤房便宜賣掉，先獲利了結，這種氛圍一旦成眞，房價均價也許有機會下降。但怎麼讓房價一下子下降三成呢？提高貸款利率不妥，對現有房屋但非自住者課徵高額囤房稅是一記絕招，但有多絕？就看政府的「絕心」，而不是決心了！

那麼，之前投資買房者不就賠啦？我想用前央行彭總裁一句話來總結，投資有賺有賠，風險自負吧！

美麗的價格

男人喜歡看美女，女人喜歡欣賞帥哥，這原是天經地義的事，但經濟學家可不這麼想，這裡頭會不會有一個「相互依存效用函數」呢？也就是說，欣賞者與被欣賞者彼此都從這當中取得某部分的效用值，讓彼此的效用水準都提高呢？這的確是個有趣的話題。同樣的，一個女人的美麗與一個男人的帥度，對他們而言都是一種姿色本錢，正因爲有種種的誘因驅使女人和男人更注重外在，也就創造出無限的美麗商機啊！

我喜歡看美女

我承認我喜歡看美女，但我的動機並不單純——我常計算著彼此的效用水準。舉例來說，如果我走在街上遇見美女，通常只能先偷偷欣賞，這對我有效用水準，因爲眼睛吃冰淇淋，但這是單向的。如果這位美女也以眼神示意我可以大方又光明正大地欣賞，這代表美女也享受到被欣賞的效用，這一來一往間就是雙向的，也就是「相互依存效用函數」。

這就是我看美女的理由，為了欣賞美女，我得端出一個經濟學理論來說服我內人相信「欣賞美女無罪論」，不但無罪，而且是有經濟利得的一種行為，還可能創造更多的社會福利。我常會這樣說，所謂的美女啊，就是從頭到腳散發出一種迷人的魅力，適當的外在打扮更是一種加分的效益。對社會而言，我們享受她們散發出的魅力，卻不用支付她們一絲一毫費用，所以，美女對社會而言有「外部經濟」的效果——多看有益！

看吧，經濟人就是可以這樣三句話不離本行，當然，這還是拜我那位經濟學專家好友怡克納米斯之賜，我才能夠找出這等冠冕堂皇又合乎理論的說法。

肉體經濟學

論及姿色經濟，怡克納米斯知名的論點之一就是不管是美女還是正妹，如果訴諸經濟效果，最主要的就是「外部經濟」，也就是說美女形諸於外的美色對男人而言，無異是一種免費的經濟效果。正因為是外部經濟，男人欣賞這種美色時，基本上是不用支付給美女任何一毛錢的。

美女是不是覺得很不公平？爲何妳們大費周章打扮自己（還得花上不少費用），對男人而言竟然有免費的經濟效用？但別忘了，妳們打扮自己是形諸於外，這種效用雖然是雨露均霑，被男人占到便宜，但自己也有效用啊，不然女人何必費盡心思裝扮呢？

幾個朋友都說我對女人太不公平，經常爲男人講話，說我是不是比較看重男人而不是女人？冤枉啊！我可是主張女男平等的，但街上偶有美女經過，這種經濟效果，我怎可輕易放過呢？

有一則新聞挺有趣的——「看豐滿美女，男人如喝酒嗑藥」，文章內容提到，「眞正能讓男性神魂顚倒的，反而是身材凹凸有致的豐滿美女。最新研究指出，『沙漏型』身材的豐滿女性能讓男性感到興奮，效果和喝酒、嗑藥相當。」看到沒，女人的美貌，眞的對男人而言有種興奮的效用。同樣的，和美女聊天除了有助健康之外，和身材凹凸有致的美女在一起，還能夠引起一些化學作用，這種效果和嗑藥與喝酒一樣。這篇報導引述英國《每日郵報》，科學家發現，女性凹凸有致的身材能夠活化男性大腦內和「獎賞」感覺有關的區域，使其產生愉悅感，而這種效果還可以養生；哈哈！而且是一種獎賞效果喔！既然有助養生，也是一種經濟現象，看來，這種經濟效果對於男士應該是多多益善才對！

我終於知道爲什麼美女會傾城傾國了，我也知道爲何古代帝王有的要美女但不要江山，因爲這種經濟效果，不但有助視覺欣賞，還能養生。

美麗經濟學

既然美女和正妹對社會有外部經濟的貢獻，那麼我們會願意補貼她們盡量散發魅力嗎？譬如說，補貼她們治裝費和保養品費用。但這樣一來很麻煩，一位男士光是欣賞美女的效用，他可能得爲這個效用對美女進行補貼。對美女付錢，這不是很奇怪嗎？難道沒有物化女性的嫌疑？這是我最好奇之處。

我認爲怡克納米斯對此事一定非常有心得，雖然我力勸他趕緊寫出愛情經濟學、婚姻經濟學和兩性經濟學，但只聞樓梯響，若他能寫出姿色經濟學，還是肉體經濟學之類的書，想必非常有市場，但恐怕得要他消化完所有積壓的稿子後，這些文章才有面世的可能性。

針對這個疑問，我那位經濟專家好友怡克納米斯正有不同的見解，他認爲：「經濟社會也許願意爲美女所散發出來的魅力多支付一些費用，乃因美女貢獻了一些效益，按理說，內部化之後更可以擴散效用。但是，經濟學家也發現，美女也因爲她們的魅力，可以掙得更高的報酬，所以，我們也不用補貼她們治裝費和保養品費用了。」

「所以，男人不用對美女的姿色進行補貼嗎？這樣男士不就搭便車了嗎？」我接著他的見解之後，拋出我另一層疑惑。

針對我這個問題，怡克納米斯認爲：「其實，美女的姿色是一種資產，本質上就對她們有利，只是剛好外溢出來變成男士的外部經濟罷了。就像你路過一棟富麗堂皇的豪宅，也不用爲這個豪宅的外觀對你的視野所產生的效用，向豪宅的主人支付一筆錢一樣。」

「那爲什麼我們去遊樂園要付錢買門票呢？」這又是我的疑問，凡事當然要舉一反三。

「美麗、豪宅和遊樂區都是一種私有財，私有財的外部性並非一定要支付金錢作爲代價。但遊樂區不一樣，必須要付錢才能享受效用，況且，遊樂區是營利的，老闆也不希望對大衆產生外部經濟，更何況你站在門外也完全享受不到任何效用！」怡克納米斯納悶的以爲我會知道這當中的相異之處。

美麗也是一種資本

這社會上有很多美女，同樣的，好像美女能力特別強，待遇也比較高。

《美麗有價》（*Beauty Pays*）這本書的作者丹尼爾．漢默許（Daniel S. Hamermesh）認爲，美麗能爲美女創造更高收入，主要是因爲企業願意支付更高薪水給能夠創造業績或是能提高同事幸福指數的美麗員工；易言之，愈有魅力的人愈容易成功。同樣的，丹尼爾．漢默許也爲美麗設立了兩個有趣的議題，「你是否願意爲美女多支付一些代價？」、「美女更容易成功嗎？」從經濟行爲來看，第一個議題更加引人入勝，而兩個議題一起看，就免不了引發外貌歧視的問題。

除了美麗可以爲自己掙得比較高的收入外，美麗也是一種「性感資本」（Erotic Capital）。

英國社會學家凱薩琳．哈金（Catherine Hakim）在其二〇一一年八月發表的《姿本力》（*Honey Money: The Power of Erotic Capital*）上說，所謂的「性感資本」，就是指一個人與生俱來的性吸引力，是一種與經濟水準、個人成功、教育和社會關係等一樣重要的資產，而良好的外貌和相當程度的魅力可以幫助女人在生活中取得成功，甚至賺取比長相平庸的人高出百分之十到百分之十五的收入。

所以，男士根本不用對美女進行補貼，就是因爲她們的美麗與性感，自然而然會帶給她們更多的經濟溢酬，這才是怡克納米斯想要表達的重點。

美麗的有價性

既然，美麗是一種資產，同樣也有價格，代表美麗也是一種市場，一定有其市場需求，不然全球的醫美市場怎會如此蓬勃發展呢？撇開這個話題不談，來談談美麗的價格。正因爲經濟人談問題時，習慣以價格來表示，也就是說美麗是一種稀有的資產，正是因爲稀有性，人類才會有競逐美麗的需求，是故，美麗也有市場價格。

當美麗被視爲一項個人資產時，就可以爲自己掙得更高收入；反過來說，長得不怎麼樣的人，只得爲他們的外貌接受較低的待遇，或是爭取更高的學位來補足這種先天的缺憾。同理，當美麗是組織的資產時，也可以爲企業帶來更多的收益。另一方面，美麗這種個人先天的資源，更容易讓自己產生自信心，在正回饋後更有魅力，當然就更具有吸引力，進而創造業績。

「既然美麗是一種先天的資源（當然，後天也可以改造），對於大多數相貌平凡的人而言，豈不是非常不公平？」我認爲這種推論似乎對大多數人而言是不公平的。

怡克納米斯搖頭說：「雖然美麗是一種『姿本力』，是天生的，只能說相較之下有競爭力罷了，絕不是有『絕對性』的競爭力。同時，並不是說沒了這項天生麗質，在工作與職場上就不容易成功。舉個例子來說，在化妝品櫃姐這個行業中，她們的外貌相對多在均值以上，但成爲銷售天后的櫃姐，也不盡然全都美得令人驚艷，反而是對客戶與消費者的用心，讓她們能在工作上脫穎而出。這解釋了一個現象，也就是美麗通常具有吸引力，但具有吸引力的人，不見得都美得不可方物啊！」

我至少懂得怡克納米斯的意思了，美麗是一種資產，但形諸於外的還必須有吸引力，而這項吸引力是一種人際資源，它可以強化美麗這項資產，也可以自外於美麗，這下就公平許多了。

美麗是一項資源，對一個組織而言，美麗的成員當然應視爲一項資產，一些行業還必須靠美麗與外貌來獲致成功或更高的收入（如律師、政治人物、情色行業等）。同樣的，我們常見的是在政壇選舉上，「美女刺客」候選人的出現，對選情產生加溫效果，這不免會讓我們產生疑問，選民究竟是爲了候選人的外貌投票，還是爲了她們的政見而選擇她們呢？

美女當然是資產，對企業經營一定有幫助，老闆才願意付高價請貌美的正妹來效力。就以展場的Show Girl爲例，老闆請來這些正妹，只要邊際收益大於邊際成本，當然就划算。舉曾經喧騰一時的「臺大正妹」現象爲例，正是因爲這些臺大美女太稀有了，臺大校長才會提到臺大女生畢業之後跑去走秀實在可惜，應該要找到能展現與其所學相關的職業才對。很顯然當年這位臺大校長不是經濟學家，他不知道這些臺大正妹之所以正點，是因爲她們與生俱來的稀有美貌和才賦，方能掙到比其他Show Girl更高的待遇，另再拜臺大招牌之賜，而更增添其稀有性。

既然臺大正妹頂著臺大的招牌擴大其姿本力，是否臺大應該對這些正妹課徵「正妹稅」來回饋母校呢？這就是個有趣的話題了。就像我也曾建議母校東海大學向對面那些打著「無敵校景」的建商徵收「風景稅」一樣，既然建商享受到無敵校景所外溢的外部經濟，又將之內化到房價當中，豈不是該爲這種搭便車的行爲付出點代價？

美麗的交易

美麗是一項資產，理當可以拿來進行交易，在工作上來說，就是掙得更高的工資與待遇，在婚姻上換得的則是身價。照理說，美女應該配俊男（多金俊男更好）才對，但要是沒有俊男，多金男一樣可以。

美國哥倫比亞大學經濟學家查波利（Pierre-André Chiappori）在其所做的研究中

指出，性感美女其實並不會介意對象是個胖子，只要他們家財萬貫就可以。他的研究還訂出了體重和收入的計算公式，男性身體質量指數（BMI）每增加百分之十，只要邊際上多增加百分之二的收入，他就能夠抵銷肥胖所減少的吸引力。查波利還指出，單身男女擇偶的兩大決定因素是外型和社會經濟能力，幽默感或好心腸等因素只占很小部分，所以證明外貌和社經能力是可以彼此替代的。

你相信經濟學家這麼現實的說法嗎？

不管你相信與否，在經濟學家的眼中，只要是經濟資源就是有價的，稀缺與需求的程度就可以決定市場價格，美麗當然是一種稀缺性資源，因此我們也就毋須用太世俗的眼光來看待美麗的有價性這件事。

3

經濟學的購物觀

Economics

排隊的現象觀察

怎麼結帳最好？

排隊，每個人都有這種經驗，但你是否曾經想過，排隊這件事是否有點學問，非得好好深思不可呢？

我相信大部分的人都不曾好好想過排隊這件事，排隊殺時間最好的方式就是低頭滑手機，可不是嗎？但我這位好友怡克納米斯可不這麼想，他認爲人類的每一種行爲背後都有其動機，當然，排隊也是。

我每每到COSTCO採買結帳時，就看到長長的排隊人龍。各位都知道，COSTCO人多是一種特色，我實在不清楚，爲什麼臺灣的都會消費者會把逛COSTCO當作是一種日常消遣活動呢？但我觀察到一個現象，大部分的消費者結帳時都會習慣往右邊靠，而COSTCO的結帳動線也的確規劃在右邊，難道人往右邊靠是大腦習慣所決定的嗎？

所以，每次結帳時，我習慣往左邊靠，而且非常的故意，幾次觀察下來，左邊結帳區的結帳人數的確較少於右邊的結帳區。

怡克納米斯舉量販店結帳的例子來說明，解釋一下在量販店結帳的情況：「假設有十個結帳櫃檯，每個人都推購物車要去結帳，而且每個人都買了滿滿一車，這時候你會去哪個櫃檯結帳呢？想必你的第一眼一定會事先掃過離你最近的結帳櫃檯，再看看哪個結帳櫃檯排隊的人最少。這本來就是一種合理的判斷，選擇一個對自己最有利的位置。不過呢，當你發現某一個結帳櫃檯人比較少時，不消等你走到那兒，一定也有其他人正朝這個結帳櫃檯走過去，你一定會很懊惱爲何別人會捷足先登？最後，你只能選擇左右兩旁的結帳櫃檯結帳了事。於是乎，這十個結帳櫃檯等候的人的結帳時間都不會比較長，也不會比較短，大家排隊等候的時間都不相上下。」

「爲什麼？」我乾脆這麼問他。

「你也不用太懊惱，正因爲這十個櫃檯全是在雙眼所及之處，這個資訊是透明的，而每個結帳櫃檯有多少人也是透明的，每個正要去結帳的消費者所掌握的訊息都一樣，所以不會有贏家出現，正巧占到一個沒有人排隊的結帳櫃檯。」經他這麼一說，我眞的很佩服他所服膺的理性消費原則。但連如何排隊結帳，也需要理性嗎？

「正因爲大家都是理性的，所以大家都沒占到便宜，也沒吃到虧！」怡克納米斯補充說明。

他又繼續說：「換個假設好了，要是大家的購物車裡不見得都是裝滿的呢？這時候你判斷的資訊就會在於結帳櫃檯和正在等候結帳的購物車上，評估結帳的東西多不多。這時候，你一定會朝購物車看起來較空的那一列走去。不過，每個人的眼光和判斷資訊還是差不多，於是乎一定會出現某個結帳櫃檯人比較多，因爲大家的判斷都差不多。塞滿的購物車結帳櫃檯一定乏人問津，因爲大家都覺得那裡一定比較慢。」

「你會看到一群人正擁擠地排隊結帳，直到你的訊息認爲要結帳的人太多了，你才會選擇別的結帳櫃檯，這樣一來，大家所花費的時間也是相差無幾。」不消等他說出結論，我馬上插了一句話。

「你講了我要說的結論！」他瞄了我一眼，用有點不屑的眼光看我，我認爲這種不屑的眼光顯然是他低估了我也可以舉一反三的能力所致。

但是不能把排隊現象都比擬成量販店結帳一樣，在不同場合裡，雖然一樣都是排隊，但因爲每個人腦袋裡想的有時會不同，也會因爲情境不同而有不同的結果。

看來，怡克納米斯想考考我對於經濟生活的分析。

排隊購票的掙扎

為了不忝所學，當然得認真地秀上一段，否則還真被我這位好友給看扁了！我舉了購票的例子來說明，這也是我幾年來排隊購票的心得。

另一種最常見的排隊現象就是「購票」（說買票有點怪怪的），這和量販店結帳櫃檯不一樣，因為你不知道每個人要買幾張票，既然你不知道，別人一樣也不知道。因為買愈多張票，花的時間愈多，你唯一可以掌握的訊息就是大約每個售票窗口排隊的人數。

假設你已經選定售票窗口，也排定了，你會不會因為隔壁那個售票窗口排隊的人稍微少一些就決定跳槽呢？我認為除非人少很多，或者是新啟用一個售票窗口，否則你不太可能跳槽。

不過呢，也不代表你一定不會跳槽，你跳槽的選擇來自於排在隊伍的哪個位置，也就是說，要是你排在最前頭，我包準你不會跳槽。要是排在中間，你很難抉擇，那是因為你的排隊時間是投入的成本，你甩開現在的隊伍跳槽，對你的風險與成本太高，所以你會很安分地繼續排隊等候購票。要是你排在後面，你有機會跳槽，那是因為你剛排隊，時間沒有花費太多，但是未來等候排隊的時間可能會很漫長，只要旁邊的人潮稍減，就有機會跳槽。

在這裡我先解釋一下何謂「沉沒成本」。「沉沒成本」是指無法回收的套牢成本，指當一項費用發生後，無法經過轉售或是回收的成本，有如潑出去的牛奶一樣，難以回收。在這個排隊的例子裡，所謂的「沉沒成本」就是指已經因爲排隊而花費掉的時間，這個時間成本是不能回收的。

既然你會想跳槽，別人當然也想跳槽，所以說你不會因爲跳槽而減少很多排隊時間，而且這裡有一個風險問題，就是你無法掌握每個人購票的張數，萬一你這排都是買一張票的旅客，湊巧你跳槽的那排很多人都買一張以上的車票時，你一定很後悔爲什麼要跳槽？

「放心好了，不論你選哪個售票口，大概都省不了太多時間啦！」怡克納米斯突然補充說明，看來他眞的想報剛剛搶了他提出結論的一箭之仇，這時剛好扯平。

和他這麼一討論下來，我倒是聯想到其他的排隊現象。

你怎會甘心排隊？

有一種排隊現象，很多人大概不會跳槽，要是某家知名包子店熱騰騰的包子剛出爐時，嘴饞還是得排隊。不過包子只有一家，應該不可能排兩排以上（那鐵定是插隊），我想大家會乖乖地等下去。話說回來，爲何大家會認爲排隊的包子店一定比較好吃呢？這顯然是認爲，這麼多人甘願花時間排隊，表示這家包子店的包子一定有過人之處，那顯然一定是好吃不過了，所以，一群人排隊所傳達給你的訊息是這家店的包子「好吃」，於是乎，路過的人也會加入排隊一族。

但話說回來，消費者若是靠排隊這種資訊來判讀的話，這是有風險的，意思很簡單，就是「資訊不對稱」。消費者根本不知道這群正在排隊的消費者來歷，於是乎，中國大陸有新開的點心店老闆付錢僱請了一票人在開張那天排隊，經營熱賣的氣氛，直到有人發現有些人一直在重複排隊，才揭穿了老闆的把戲。

另外一種排隊比較特殊，是一種行銷事件，在生活上可以常常見到某些電器量販店或者是百貨公司，用限量超低價來吸引顧客上門。不過呢，聰明的老闆可不能只限量一項商品，否則，大概只會吸引一個人來排隊，原因無他，因爲第二人以後馬上收到的訊息是他「沒望」了，當然不會有人來排隊。這種營造排隊的手法在於「人人有機會，個個沒把握」，所以呢，賣的東西一定要多，讓每個排隊的人都猜不透其他人到底要買什麼？這樣一來，老闆的目的就達到了！

排隊的狀況千奇百怪，有人願意餐風露宿買演唱會的門票，也有人願意用高價買黃牛票，這些行爲都在於這一張票有其獨特性和唯一性，才會讓人願意排隊購票，每一種排隊行爲都有其經濟誘因在支持著，不也很有趣嗎？

排隊的時間成本

在量販店裡排隊結帳是一件很無聊的事，尤其適逢週末假日或者是年節時，等待結帳的人數總是像長龍一樣，每個人都是推著滿滿一車要結帳，這下子不只收銀員苦，連排隊結帳的你我也都很苦，而且還很無聊。這是因爲排隊等候的原因不外乎是要結帳，而結帳時間的多寡又和那一臺購物車上的商品數量有其正相關性，在這段時間中，別無他事可做，根本毫無效用可言。

人類之所以爲人類，是因爲我們人類會專注於解決問題，比方說，認爲排隊很浪費時間的一定大有人在，包括我也是一樣，那麼，是否有哪些方式可以降低大家排隊的成本呢？

答案是有的！

有一種方法就是讓每個人只要付錢就好，不用去管購物車上有多少樣的商品，只需用現金或信用卡結帳就可以了，這樣一來，結帳的時間不就和購買商品的數量無關了嗎？

沒錯，只要結帳的速度和那一車購物車裡待結帳的商品無關的話，這樣一來，每個人的結帳時間幾乎都是一樣的。這當然可行，在美國Walmart百貨裡，商品上除了條碼外，還加了一項科技產品叫做RFID電子標籤，這種電子標籤有種「特異功能」，就是讓結帳櫃檯的收銀系統很快地統計出這一車購物車裡有多少項商品，每項商品的單價多少，結算之後馬上就知道應結帳金額是多少，這時候你只需把信用卡和現金拿出來就行了，這不是很方便嗎？

不過，RFID標籤畢竟只是特例，是否還有其他的安排方式，可以讓排隊更有效率呢？

快速結帳檯的出現

前面提過，要是量販店有十列結帳櫃檯，消費者不管怎麼選，所花的排隊時間大致上差異不大。但是，能否有一種設計方式，讓大家的排隊時間都變短，或者讓某些人的排隊時間變短，這樣看起來，或許是一種不錯的設計方式。

最近，大型量販店都時興一種快速結帳的方式，比如說原本有十列結帳櫃檯，可能挪兩個櫃檯當成快速結帳區，結帳商品在五件以下的消費者，可以選擇快速結帳區結帳。這樣會比較好嗎？其實很難說，這得看你是買五件以下或者是五件以上的商品而定。

關於這點，我還是得請教一下怡克納米斯，或許，他的答案還會讓人很意外！

「一開始，量販店沒有設快速結帳檯，此時，不管你買幾件商品，你的等待時間並不會有任何變化，對量販店也沒有任何影響。」我當然是同意這樣的說法。

「要是量販店開始實施快速結帳櫃檯，挪用了兩列充當快速結帳區，此時，你可能買五件以上商品，或者是五件以下商品，那麼，會產生什麼變化呢？」

我認為要是買五件以下，我排隊的時間會減少，買五件以上的話，排隊時間會增加。

怡克納米斯顯然很懷疑我的說法。

「先看量販店好了，平常就是這麼多人在消費，因此，這些人不管有沒有設快速結帳區，對消費者的消費行為與數量不會產生影響，所以，增設快速結帳櫃檯對量販店而言，並沒有產生任何實質效果。」他直截了當的說。

「那麼，就是對消費者有影響，這些影響有可能是增加等待結帳時間，也有可能是減少等待時間，這種好或壞的情況幾乎是隨機的，怎麼說呢？」我很好奇的追問下去。

快速結帳檯的影響

「首先，要是所有人都買五件以上或者是五件以下的商品，而且量販店不會適時調整結帳櫃檯的條件的話，大概對誰都不會有任何好處（對量販店而言，頂多接獲抱怨）。要是很不幸地，你正在結帳的那個時候，所有的消費者都是買五件以上時，這個時候可以很確定你的結帳時間大概會變長了。那是因爲被挪用了兩列結帳櫃檯，原本可以平均排隊的十個結帳櫃檯，一下子變成八個，而原本那兩列的排隊消費者，平均分散到其他八列，這樣一來，所有人的平均等待時間當然會變長了。這和開車的道理一樣，正常的時候是三車道，湊巧剛好某一路段正在施工，封閉了一個車道，當然容易造成塞車。」我覺得他這番話有點道理，上面的情況，可以說這是極端的條件，但也不是說不可能發生。

「另外一種情況是，消費者呈隨機分布，有的買五件以上，有的買五件以下，這時候會有影響嗎？首先，對量販店而言，還是不會有影響，因爲這群消費者還是要消費。那麼，影響就會發生在不同的消費者身上嗎？」我覺得他有點在考我統計的問題，偏偏我統計程度又不好，只好讓他繼續說下去，選擇不插話。

他繼續說了：「我們來看看，當你正巧排在一般結帳區時，隔壁的快速結帳區對你有影響嗎？其實沒有！你一定覺得很奇怪吧，按照直覺應該有影響啊！要是快速結帳的人變多了，一般結帳的人就會變少，應該可以不用排隊等太久吧？看起來是沒錯，不過直覺有時候會騙人。」

他這麼一說，我也覺得有點好奇，難道不會有影響嗎？

「因為量販店的消費者是川流不息的狀況，也就是說，時時刻刻都有人正在結帳，只有一種情況，在停止營業時間到了，量販店把鐵門拉下，所有消費者不再增加時，上述的結果才可能會出現。不過呢，一般時間內，快速結帳的人省下的時間，並不會對你產生任何影響，因為這兩者是獨立的。或者，精確一點講，你的等待時間會出現變化，只有在你剛好排的那一列結帳櫃檯的其他消費者對你才有影響。」

怎會這樣？這和我的認知與見解不同！

相信你的眼睛

「我們來看看你的眼睛告訴大腦什麼訊息吧！」這會兒，怡克納米斯拿出紙筆簡要地敘述他的看法。

場景一：十列結帳櫃檯都有人在排隊結帳時。

你的眼睛一定會去掃描，看看哪一列的消費者和購物車上的商品看起來「乘積」最少，大腦下命令，要你選擇排那一列，但是別人也這樣想，所以大家的排隊時間不會有太大的變化。

場景二：有快速結帳櫃檯，你購買五件以上商品。

你的眼睛不會去掃描快速結帳櫃檯，因爲大腦命令你忽略快速結帳櫃檯，所以說，你的眼睛只會去掃描其他八列結帳櫃檯的排隊消費者，看看哪一列的消費者和購物車上的商品看起來「乘積」最少，大腦下命令，要你選擇排那一列，但是別人也這樣想，所以大家的排隊時間還是不會有太大變化。

只不過你有可能排隊結帳的時間會比之前沒有快速結帳櫃檯時多了一些，因爲五件商品以下的消費者，都到快速結帳區了，所以呢，排在你前面等待結帳的消費者都是五件以上。而以前要是沒有快速結帳區的話，有可能那些人都是五件以下，相較一下，你排隊的時間當然變長了。

場景三：有快速結帳櫃檯，你購買五件以下商品。

同樣地，你的眼睛不會去掃描一般結帳櫃檯，因爲大腦命令你忽略一般結帳，所以說，你的眼睛只會去掃射那兩列結帳櫃檯的排隊消費者，看看哪一列的消費者和購物車上的商品看起來「乘積」最少，大腦下命令，要你選擇排那一列，但是別人也這樣想，所以大家的排隊時間還是不會有太大的變化。

但是，你的變數來自於是不是很多人都買五件以下的商品要結帳，如果很多人的話，而且量販店不會機動調整快速結帳櫃檯的數量，這麼一來，你的排隊時間有可能是會變長的喔！

經他這麼一提，我才知道一個排隊的觀察竟然存在這麼多複雜的觀點，對怡克納米斯眞的不得不佩服。總括來講，不管量販店如何安排結帳，對量販店而言，影響幾乎沒差，只是重新安排結帳的順序而已。只不過上述的場景是假設量販店的結帳櫃檯都是全部開放的條件下所推論出來的結果，要是消費者沒有多到需要全部開放時，量販店可以機動調整快速結帳與一般結帳的比例時，照理說應該可以減少大家排隊等待的時間。

結帳的時候，總是會很無聊，但是量販店是不是會刻意將結帳時間變長呢？有可能，在結帳櫃檯前面經常會看見還有小型商品櫃，這些商品櫃裡不外乎都是報紙、八卦雜誌和零食，讓你臨時起意購買，不也是刻意增長結帳時間的效益嗎？

「那麼，怎麼排隊結帳才是最有效率的行爲呢？」我還是得問他這個問題！

「很簡單，相信你的眼睛就可以了！」怡克納米斯這麼回答我！

天啊，就這麼簡單嗎？

怡克納米斯對於排隊行爲的解釋讓我體認很多，讓我訝異的是，他竟然連這種「雞毛蒜皮」的小事都可以解釋出連番道理，眞不愧是理性的經濟人，關於這點，我得好好地和他多多學習才是。

在大學女舍排隊接送的甜蜜

你一定會發現，你一天當中最常做的一件事就是「等待」與「排隊」，我並不知道是否有經濟學家有興趣去研究等待與排隊的時間，占你一生時間的比例，或者說排隊這件事占你所有經濟行爲當中多少比例，但是我知道一定占某部分，而且比例還可能很多。

在大學的時候，我們學校的宿舍是男女分開，而且分得很開，東西各一邊。每次路過女生宿舍時，我最常看見男生正在門口痴痴的等待女生出來，在女生宿舍關門前，又有一堆男女正在「十八相送」般依依不捨的、離情依依的、含情脈脈的說晚安和再見，也有男生在女生宿舍門口排隊送宵夜給心愛的女同學，尤其在冬夜寒冷的晚上還有期中和期末考前，男生這種溫情很難不會打動女生的心房。

所以說，當你有所等待或需求，你不會排斥排隊，而且還很熱衷去排隊，就像大學男生追女生一樣，只不過這種等待和排隊是溫馨與甜蜜的。

話說回來，排隊這件事看似簡單，其實很複雜，絕對不是三言兩語可以交代過去，要是我寫一篇文章講排隊，你或許還會接受，要是兩篇或者是三篇，你大概頭腦會被我搞得亂七八糟，但還不至於昏迷。要是我寫一本書叫做《排隊》，大概你會認爲我瘋了，你才不會選擇和我一起瘋吧！

在銀行排隊

我認爲排隊的行爲是很高尙的，要是大家都不排隊，豈不是亂成一團嗎？可能不是，不排隊的行爲，有時候卻比較舒服，但不是講插隊這件事，而是指領號碼牌這件事。

以前上銀行或者是郵局存提款時，免不了都要大排長龍，所以，有人爲了不想排隊耗時間，於是乎，一大早營業時間一到，大門一開就趕緊衝進去，深怕被人搶了第一，還得繼續排隊。但是，人同此心，心同此理，你要是這麼想的話，大概別人也是這麼想的，所以，免不了還是要排隊，只是不用排得太長、等太久罷了。

你會發現，這種排隊方法是不是很熟悉？沒錯，這種排隊方法和去車站買票排隊一樣麻煩。

後來，銀行和郵局改變了做法，就是請客戶不要排隊了，改抽號碼牌。所以，爾後你進郵局或銀行大門的時候，你會發現警衛要你先抽號碼牌，然後在座位上等叫號，這是一項不錯的便民措施，至少不用站著等，可以坐著等，或許還有服務人員會奉茶讓你解渴。

這樣的做法，讓每個櫃檯前面只有一個人，不管是客戶或者是行員，心情都會輕鬆不少，你也不用太擔心到底要排哪一個櫃檯，反正輪到你時自然會叫號。不過，聰明的銀行會藉機向你做點生意，你會發現旁邊多了很多金融商品的商品摺頁或者是信用卡申請書，這個用意不外乎是趁你無聊時塞點產品讓你參考，要是你有興趣的話，包準馬上有服務人員衝出來服務你。

但我對號碼牌的興趣不僅止於此，你會發現有的銀行號碼牌或者是告示牌會秀出「等待人數」這個數字，這個數字不外乎是告訴你還需要等多少人才會輪到你。

這個資訊很有用，一則告訴你大概需要等多久時間，通常數字小於10的話，應該很多人會繼續等下去，因爲會認爲很快就會輪到自己。要是數字大於10的話，可能有些顧客（銀行的事不急著處理，但有其他的事趕時間）會掉頭就走，因爲他不耐久候。這樣一來，銀行把一些不急於服務的人叫他「有時間再來」，剩下的就是急於服務的客戶，不也很有效率?!

在醫院排隊

我不太常生病，但偶爾還是會略染風寒，上個診所了不起花掛號費兩百元，即使病況稍微嚴重，頂多額外自付藥費。後面這個自付額就離題了，我倒是對新聞說臺北市某診所掛號費高達一千元這件事感到好奇，但不是對一千元掛號費感到好奇，而是對立委和衛生福利部的反應感到好奇。

一千元掛號費，「貴」與「不貴」干卿（立委和衛生福利部）底事呢？

在自由市場裡，定價的事是一個巴掌拍不響，先不論醫療診所是不是「自由市場」，掛號費的定價太高（指的是一千元），只要診所敢收，病人敢付，你管它做啥？

舉個例子來說，我相信某家牛排館的牛排一客至少千元以上，高官富豪也不會以為這牛排貴，如果立委大剌剌的去質詢經濟部長還是商業司長，請他們管管這家牛排店的售價，一般人可能會認爲立委秀過了頭。所以，立委和衛生福利部去干預頂級診所的掛號費（還偏偏不是健保診所），不就和去抗議牛排館賣的牛排太貴一樣「無知」且「無趣」嗎？

掛號費的宣示有很多種作用，簡單分爲兩種，一種是市場區隔，一種是以價制量。市場區隔就不用多談了，健保與非健保，後者一定貴，因爲診所要你知道，他們是貴得有理，你也覺得貴得有理，這就得了，像我們這種貧窮小老百姓，誰會去這種高價診所呢？

第二種是以價制量，擺明就是說，診所不希望接太多病患，付不起錢的，趕緊走開去別家看，也許是醫生太出名，醫術高超到不堪其擾，出這招也合理啊！

至於健保體系的掛號費該不該收、該收多少，這似乎是一種聯合行爲，反正一般診所都是收兩百元掛號費，我見過診所剛開幕不收，但沒多久就開始收了（聽說有人檢舉）。掛號費的作用大抵是支付一些經營費用，也就是說，診所和醫院拿掛號費去付水電、瓦斯和薪資等費用，這筆兩百元的掛號費之所以大家都差不多，可以解釋說拿這筆錢去支付一些經營費用，大抵是「夠」，或者是「可以接受」罷了。

至於診所要不要漲掛號費，可得考量一下競爭關係，因爲診所實在太多了，萬一漲價，病人跑了怎麼辦？這就是競爭市場了，如果診所只關心病人會不會跑，鐵定不會漲掛號費。話說回來，診所要是能夠提供更好的醫療服務與問診品質，漲個掛號費我也可以接受，但一定會嚇跑一些病患，因爲這些病患的價格彈性太高，會選擇其他掛號費較低的診所看診。

自由市場一路演化下去，大抵是各取所需，有錢可以支付高醫療費的人往私人貴族診所，可以支付較高掛號費的往優質診所去，在乎掛號費的只能往競爭激烈的基層醫療診所擠。

至於若我是病患，我在乎的是醫療服務品質，實在不會在乎診所收我兩百元掛號費，或者還多收一些。

政府該不該干預掛號費金額呢？我想醫院和診所已經很多了，醫生都在「顧飯碗」，相信掛號費一起漲價的問題不太可能發生（如果是，就是聯合行為，但現在的兩百元是不是也是一種聯合行為呢？），立委和衛生福利部倒是不想去解決比較頭痛的健保黑洞，老是花時間來管這種雞毛蒜皮（相對於健保黑洞）的掛號費小事！

衛生福利部經常倡導小病往基層診所看診，不要去擠大醫院，所以大醫院的收費一定也比較貴，合理啊！這是一種價格門檻，但偏偏大醫院人特別多，眞是奇怪？大家都付得起較高額的掛號費和醫療費啊?!爲什麼衛生福利部和立委又自作主張地說「掛號費」有點貴呢？

狂解「一蘭 Fast Entry」排隊現象

一蘭拉麵來臺，弄出了六千元的「一蘭 Fast Entry」，尚未開賣時就已經弄得沸沸揚揚，有支持的人，反對的人也不少，大家原以爲開賣當天會有很多人使出「一蘭Fast Entry」這招，但實際上人數卻意外的少，大家還是願意排隊，而且凌晨兩點半就有鐵粉排隊，吸引力可見一斑。

朋友問我，一蘭拉麵的現象爲何沒有經濟學家跳出來解釋一番？可見得這種市井小事，不用勞煩經濟學家跳出來窮解，他們的機會成本太高了（只好由我跳出來解釋）。

我認爲，排隊現象不經濟，但可能是老闆的策略手段。

從經濟學理論分析，排隊現象是非常沒有效率的，爲什麼？因爲這一群人當中根本分不清誰才是眞正有需求的人，更具體一點的說，就是無法對需求進行排序，如果對賣方而言，他根本不知道應該優先服務誰，或者優先把商品賣給誰。

理論無法完全解釋實際現象，其實排隊也可以約略將需求進行排序，譬如說，漏夜排隊的人鐵定是需求相對很高的人，但不見得就是需求最高的人，只是因爲他的機會成本最低。

排隊人潮的前幾位一定需求很高，但不是整個排隊人潮都是有需求的，後面很多人是看見排隊人潮所釋出的「這家麵店也許很好吃」的訊息，才加入排隊人潮的，這種隨機臨時起意的消費者才是店家所在意的。爲什麼？因爲鐵粉人數一開始就是固定盤，隨機的消費者才是增加營業額的主力，這種「邊際消費者」愈多，營業額愈大，而且這群人還有部分會成爲鐵粉，鐵粉的人數會愈來愈多，加速度會在早期很顯著，慢慢的就會減速，直到成爲高原期再衰退下來。

所以，「第一局」很重要，值得好好策略盤算。

從商業價值來說，鐵粉的利用價值高，因爲他們忠誠度夠高。

簡單來說，早期的鐵粉很重要，利用價值很高。

一蘭拉麵來臺灣，可以預期的是排隊人潮，正因只此一家、別無分號，人潮具有集中性，就有話題性，就有行銷與宣傳效果，根本毋須花錢打廣告，就有媒體、新聞與評論者爭先恐後報導與分析一蘭現象（我也是其中一個）。

排隊這招並不新鮮，嘉義有一家餅店也是打著只此一家、別無分號的策略，不擴增經營規模，就打算這麼不效率的持續下去，說也奇怪，排隊人潮就是這麼多，街坊鄰居還會加入排隊人潮，批貨到外地販賣賺差價，大家各得其利。

我也發現臺灣人追求小確幸的行爲，反映出低機會成本的困境。具有高機會成本的人是不會傻到去排隊的，因爲市場經濟可以花錢請人代排，如藝人郃智源請製作人排到第十九號，結局是「排完是他來吃、製作人不能吃，以示公平」，這證明製作人的機會成本比他低。

一蘭拉麵第一天開張其實沒多少人願意使出「一蘭 Fast Entry」，或許業者會訝異，難道沒有超級鐵粉嗎？然而實際上我們計算一下，上班日排隊是要付出代價的，爲了嘗鮮還要付出六千元的代價購買「一蘭 Fast Entry」，總代價未免就太高了點，只好甘願排隊。正因爲鐵粉心中的需求價格根本遠低於六千元，白話一點論，一碗拉麵在消費者心中願意支付的價格有可能很低，只是比定價高一點罷了（消費者把機會成本忽略了），花大筆錢嘗鮮這件事，怎麼說也不划算。

即使把「一蘭 Fast Entry」打五折變成三千元，好像也沒多少人買單，但業者不能如此無限的測試消費者保留價格（即願意支付的最高價格），因爲，會把品味玩低了。

這印證在小確幸的氛圍中玩「一蘭 Fast Entry」根本只是製造話題，然後，大家就開始討論了，業者的目的不就達到了嗎？

商業策略上，我認爲掌握需求才是重點，價格只是手段。

話說回來，付錢快速通關的手法其實屢見不鮮，但如果沒有精準拿捏到消費者的需求，有可能會導致反效果。飛機上的商務艙和頭等艙總是最先登機、最早下機，當然付的機票錢也最貴，這本是一種「價格歧視」（這語意非常傳神）。但在知名遊樂區實施快速通關有可能會得到反效果，因爲很多遊樂設施是消費者所嚮往的，這樣才有動機與誘因讓他再次回來，要是讓他可以用錢買到快速通關券，這種得來不易的效果反而被金錢給抑制了，他還有動機與誘因回來嗎？這個問題在於這些遊樂設施的效益所設定的心理保留價格很高，只要快速通關券的價格遠低於保留價格的話，就會得到反效果，結局就是聰明反被聰明誤。

從這個角度思考，一蘭拉麵的「一蘭 Fast Entry」刻意訂在六千元，遠高於絕大部分消費者的保留價格，根本不具實質效果，然後呢？大家還不是乖乖的排隊。

「一蘭 Fast Entry」根本就不是重點，卻是個策略性操作，還勞動大家趕緊跳出來評論一番（包含我自己）。

誠實消費值多少錢？

傳統的楓樹社區

臺中市南屯區的楓樹社區，是我在二十幾年前進駐協助進行社區總體營造的社區，這個社區從表面看過去，看不出有什麼特色，只有在黎明路上成排的商店和集合住宅大廈而已。但是轉過楓樹巷，突兀的景色開始映入眼簾，有傳統的三合院、小廟和一大片都會區難得看到的大片農地，以及新興的高級別墅區，櫛比鱗次的共存在這個小社區裡。

這個社區集傳統與現代於一身，在高鐵通車後，這裡更是距離高鐵最近的一個社區，土地價格水漲船高。透天高級別墅代表有錢人開始住進這個社區，屬於社區的新移民，但是舊居民也有了新選擇。這裡有一大片是土地重劃區，也就是說，舊居民可以選擇將土地賣出，遷移到市區居住，或者乾脆選擇繼續留在舊社區，保有半傳統式的農村生活。

我每每來到楓樹社區，一定會到裡頭的傳統小巷走走，這不外乎是想緬懷過去傳統農村的景觀，也回味一下昔時傳統社會裡的巷道文化。在楓樹巷與互榮巷這兩條楓樹社區僅存的傳統巷道，如過去一般，蜿蜒在舊社區裡，形成特殊的景觀與街廓，絕無車馬喧騰。

但是這幾年來，在臺中市開始陸續推動市地重劃後，楓樹社區的景觀已經起了重大的變化，綠地、農田、老巷和老厝正大量消失中，社區的紋理在新道路劃設後，顯得異常的支離破碎，原本一個轉彎就是一個空間紋理，現在一轉彎，一不小心，人就在大馬路上了。

誠實商店的出現

這個社區的居民很喜歡「玩」，玩楓陶、玩楓燒、玩楓扇，凡是能「做」的事情，幾乎都用「玩」來頂替。十幾年前，這個社區開始實行一種「誠實消費」的機制，找了一家過去的小商店來實驗這種新鮮的玩法。因爲這幾年便利商店的迅速興起，早已替代了過去的傳統商店（柑仔店），傳統商店失去競爭力之後，只能默默接受這種演化的事實，選擇淡出。

很顯然地，楓樹社區不太願意柑仔店淡出社區生活，於是乎選擇另外一種方式來持續保有這種生活方式。

在楓樹社區互榮巷裡，有一個相當搶眼與特殊的景象，就是把過去的榮利商店，改成誠實商店，專賣社區名產以及「古厝咖啡」。

這個誠實商店，「誠實」雖然是店名，但也是特色，這裡沒有人看守，一切商品的售價全部標在貨架上，消費者只需自己掏錢、找錢即可，全部都自己來，沒人招呼，靠的是「誠實」，所以叫做「誠實商店」。誠實商店裡的盈餘，全部作爲古厝的維護經費。

於是乎，社區居民想出振興社區經濟的法

子，平時商店盡量都是販售社區裡的商品，以及環保商品，這起碼的成本可以壓得很低，剩下的就靠消費者「樂捐」了。

我很好奇的是，誰會來誠實商店買東西呢？有人會不誠實嗎？也就是說，有人會故意買東西不付錢，或者是少付錢嗎？還有一件很重要的事情，誠實商店應該如何定價呢？

根據我的了解，誠實商店裡倒是沒有不付錢或者是少付錢的情況發生（但有幾次遭小偷），而且結餘有時還會發現有多餘的款項出現，這代表去誠實商店消費的人，全都是誠實的，有的人還會故意「捐錢」。誠實商店裡的售價，也幾乎比照外面便利商店的零售價，沒有更便宜，也沒更貴。而來誠實商店消費的消費者大部分都是外地人，也就是說，很多人是慕名而來消費的，本地社區居民很少進誠實商店購物。

這是一個很好玩的現象與經驗，臺灣絕少出現這種誠實商店，誠實商店考驗的不是消費者的誠實，而在於是否認同這種誠實消費的機制。此外，這種誠實消費的消費者效用相當高，因爲一個人在別的地方無法有如此誠實消費的經驗，所以誠實消費的經驗應該是無價才對。

誠實消費的感覺

提出誠實商店構想的是楓樹腳文化協會的江鳳英老師，我認識江老師大概二十年了，偶爾也幫忙這個社區想些創意點子。

只不過我和怡克納米斯對定價有點小小意見。

上回我和怡克納米斯去了誠實商店體驗誠實消費的感覺，我們選了小泡麵，很興奮地投了五元硬幣誠實消費。很顯然地，小泡麵是過去小時候的一種零食，但絕非我們兩個人目前的需求，所以說我們是「體驗」與「回味」兒時的景象，小泡麵只是一種媒介物，體驗與回味才是我眞正的消費。我發現我口袋裡有零錢的機會不多，即使有，通常只有十元，要找出五元硬幣還眞有點難度。

這家誠實商店既然都是外來客消費，而且裡頭陳設的商品也不盡然能夠符合每個人的口味與需求，誠實商店裡到底賣什麼呢？這就是怡克納米斯的疑問！

誠實商店到底賣什麼？

其實，誠實商店裡賣的是「誠實」兩字而已，我同江老師這麼說。

怡克納米斯補充說：「眞正的誠實商店應該是付出自己心目中願意付出的價格才對，你願意付二十元買一包小泡麵，這就代表你誠實消費了，在不違背誠實的定義之下，每個人都應該付自己心裡面認爲應該付的價格才對。但是，我覺得這有點難，這樣一來，所有商品的標價都得標上『隨意』兩字；二來，每個人都很清楚一件商品在心目中值多少代價，或者說他願意付多少錢嗎？」

誠實商品怎麼定價？

舉個例子來說，一包原本標價五元的小泡麵，把標價拿掉之後，我到底願意付多少錢呢？說實在地，我也不太清楚，但有一種方法可以試出我願意付多少錢。

假設有一個人在旁邊喊一百元，我大概不會願意付這筆錢，因爲我的刻板印象還是會停留在那包泡麵的成本不過幾塊錢而已。這人繼續從九十九元一路喊下去，也許到二十元的時候，我會剛好願意買那包泡麵，這樣聽起來，二十元就是我心目中願意付出的價格，而我應該投下二十元買那包泡麵才對，這時候我就是誠實消費了。

這和供給需求定理是一個模樣的！

這眞的有點麻煩，因爲要派一個人死命的喊價和猜你心中願意付出的價格，簡直是不可能的事，也太耗費成本，所以，誠實商店的商品還是要標價比較好，但到底要標價多少呢？

既然誠實商店裡面賣的是「經驗」這件無形商品，而且楓樹社區的居民也絕少消費的話，很顯然地，這是塑造楓樹社區外在的一種「社區產業」，名叫「誠實經驗」，最好的定價方式就是商品的進貨成本加上毛利之後，再加上「誠實經驗」這項商品的定價。

舉前面我的例子來說，原本五元一包小泡麵的售價，我願意付出二十元，這代表我多付出的十五元買的就是「誠實經驗」這項消費，因為誠實消費在全臺灣恐怕僅此一家，別無分店，所以我願意多付出十五元買這項經驗。

誠實商店很難存在，這是因為要所有人誠實消費有些困難，而一間誠實商店照理說應該無人看管，遇到有人要找錢，或者是有購物疑問卻無人服務時，交易成本也很高。

因此，誠實商店的做法很少出現在社會上，畢竟，我們並不清楚多少人是誠實的，因為只要一個人不誠實，有可能就是血本無歸。再者，在治安日益敗壞的社會裡，也怕誠實商店遭搶或遇到小偷，這都是阻礙誠實商店發展的原因。

其他的誠實商店

不過呢，也並不是說社會上沒有誠實商店的存在，至少我的經驗裡就曾經經歷過。早在念高工的時候，我們那所學校（高雄市立海青商工）是相當受到矚目的一所技職學校，除了校服有特色外（蘇格蘭格子裙），最主要的是校風因素。這所學校以前是海軍子弟學校，後來改制之後變成高工，過去全校施行榮譽制度，除了榮譽班級之外，個人也可以獲得榮譽獎章，甚至連考試都是榮譽考試，無人監考。

在過去的學校福利社（實習商店）裡，也實施過榮譽制度，也就是說，學生上福利社購物，全都自行取物、付錢與找錢，完全不用透過工讀生結帳，這也是一種誠實商店。根據過去的經驗，福利社裡少有帳面不平衡的事情發生，更多時候是有餘額產生，我相信應該不是學生捐錢，而是忘記找錢所致。正因爲在這所學校要是發生不榮譽的事，很容易在同儕裡被貼上標籤，這樣的風險與成本其實很大，聰明的學生沒必要爲了小錢去犯這樣不誠實的風險，因爲要是被發現不誠實，即使沒被退學處分，也很容易自行轉學。

這就是問題的癥結了，誠實商店容易在封閉的地方產生，如學校或者是小社區、小村子之類，因爲地方小，所以很多人都是熟識的，一個人的行爲，很容易受街坊鄰居的檢視，要是有不誠實的誘因，想必也會被抑制下來。要是不誠實的話，只要被舉發一次，街坊鄰居的批評馬上會一傳十、十傳百地擴散下去，對於要繼續生活下去的社區來說，這樣不誠實所冒的風險相當高，高到不能承受，於是乎，誠實商店裡的行爲大致上應該都是誠實的。

上回我去臺北市金融研訓中心，旁邊停車格付費也是「誠實付費」，看來誠實消費的經驗，的確不多見，但也不是說見不到啊！下一回你到誠實商店裡消費時，至少你知道應該付多少錢了吧？

誠實經驗，値多少錢？

你願意爲「誠實付費」這個經驗付出多少錢？這是我幾年來一直思考的問題，但在臺灣要得到這個經驗眞的很難，楓樹社區的「誠實商店」盛名遠播，知名度高到連馬前總統都曾消費過。但一直以來，媒體所追逐報導的是誠實商店的盈虧，對於何謂誠實付費，毫無著墨，甚至還有行銷學者從商品行銷出發，建議誠實商店應結合歷史人物的誠實故事，開發周邊商品才能獲利。但誠實故事如何商品化？這個主意眞的「鬧—很—大」。

誠實商店因盛名之累，連國稅局也找上門，甚至在二〇一〇年五月二十五日那天，派員在門口貼上一張紙條，無厘頭似的「公式送達」：「我是國稅局人員，貴店未辦理登記，請洽臺中市分局。請問你們人在哪裡？付款給哪位？」留言後再貼上限期兩日內辦理營業登記的制式紙條。國稅局之所以找上門，重點在於誠實商店的營利行爲，但我更好奇的是，誠實商店的營收應該如何計算呢？

理論上，消費者誠實付費的價格包含兩個部分，一個是商品的「名目價格」，以及誠實付費所帶來的「隱形商品價格」（這個容待後述），但也有消費者純粹「到此一遊」，只付費卻一物未取。

簡單來說，消費者會願意享受這種誠實付費的消費型態，多付出一點價錢，我把它稱之爲「誠實經驗」的價格，這個商品藏在每個人心中，看不見、摸不著，且價格不一樣，正因爲大家心中都有一把尺。

所以，誠實商店的營收至少包含三個部分，一個是實際商品的銷貨收入，第二個是誠實經驗的銷貨收入，第三個就屬捐贈，但營利事業如何接受捐贈，以及誠實經驗的銷貨收入如何認列，我並非稅務專家，這就不清楚了。

誠實商店受到媒體爭相報導後，創始人江鳳英老師一通電話找上我，抱怨了一下，爲什麼媒體不能夠好好的報導誠實商店的核心價值與社區參與的理念，卻單單只是專挑「盈虧」，說來客都只是想要參觀卻不消費，搞得誠實商店很像要垮了？撐不住了？而大批的遊客，卻也引發了當初所沒有料到的「外部性成本」。

誠實商店的核心價值，並不是在於販售所謂的誠實商品，而是在提供「誠實付費」這件無法替代的人生經驗上，這個人生經驗來自於社區參與和公民經驗的實踐，根本沒有參考價格。

誠實商店所販售的東西，除了社區產品外，其他的產品，在臺灣任何一個地方絕對都買得到。但一家無人商店所提供的誠實付費經驗，恐怕很難在臺灣其他地方找得到。所以，誠實商品僅僅只是提供消費者一個誠實付費的因子，消費者願意爲這個經驗所付出的價格，才是眞正的誠實付費。（臺中市勞工局甚至來電表示願意派員到誠實商店協助「看店」，這樣就不是無人商店了。）

從經濟學理論言之，誠實付費這項經驗，其實是誠實商店所提供的一項正的外部性（外部經濟），這就是我先前提到的「誠實付費所帶來的隱形商品價格」，但這個經驗並沒有標價，也沒有要求一定得付費，所以消費者支付了實體商品價格，充其量是誠實沒錯，但實際上他並沒有支付誠實商店所提供有異於其他商店的特殊經驗——「誠實付費」。按經濟學理論，消費者的需求提高了，他更應該多付一點錢，多消費一點才對，但大部分的消費者對於經濟理論不甚明瞭，甚至也沒有社區參與的公民經驗，所以這些消費者就變成光享受不付錢的「搭便車者」（free rider）了。

外部經濟的問題又讓我聯想到一個議題，就是消費者到誠實商店的價格彈性，照理說應該很低，那麼，爲了取得消費者應該支付的誠實經驗，誠實商店可否「外部效果內部化」呢？也就是說，提高價格！

實務上的確可以這樣做沒錯，但問題在於，並非每個人的誠實經驗都可以齊一等價，二則我也會懷疑，漲價之後，消費者的經驗是否會產生折扣呢？這個道理和一票玩到底的遊樂區不針對某些熱門遊樂器材用價格手段另行收費，來減低排隊人潮的道理一樣，回憶和經驗的代價，眞的無價，價格干預會減損這項效用。

因爲誠實付費這個經驗太過難得，所以有遊客甘願開賓士車到誠實商店，但可惜的是他只投下十元，買到誠實商品後就離開。我覺得這樣的快樂程度並不高，按消費者行爲理論，消費者必須透過「支付—取得」這項程序，加上某種「儀式」才能眞正享受到消費的滿足，但這位賓士車主取得誠實支付的經驗並沒有付費，且無後面這項儀式的支持，所以上述消費程序並沒有被充分滿足，也就沒有得到實際的消費滿足感。

所以，誠實付費這項經驗的取得，付出一些費用，其實本身就是一種「儀式」，最終消費者在誠實商店一定要完成這項程序，他才能眞正得到最大效用。

你願意爲「誠實付費」這個經驗付出多少代價？這個才是誠實商店眞正要提供的服務，就靠每個人心中那把尺來衡量了。

那麼，既然誠實商店已經變成一個觀光點，可否學遊樂區一樣，在門口放個誠實甕收門票（一樣誠實付費）？這是個好問題，有機會再來好好分析一下……。

誠實商店賣的是人性

很多人不清楚誠實商店到底在經營什麼，更有所謂社運人士以爲這些誠實商店其實是爲了節省成本而設的，無人商店不就該有很多監視設備和自動化設備，用機器來取代人力？因此，誠實商店貪便宜心態是「因」，如果誠實商店被偷，言下之意只不過是「應得」的「果」罷了。

我相信很多社區營造人士會因此憤慨，一個好的理念被加上$符號後，一不小心就會被著了很深的顏色，然後不甚清楚的讀者就被誤導了。

直言之，以爲「誠實商店只是省成本的一種經營模式」的認知太過狹隘，代表一些人根本無從或者不想去了解誠實商店背後經營的理念與營運模式，正因爲誠實商店的存在根本不是在省成本，誠實商店賣的根本就是「人性」。但千萬不

要誤解，經濟學的思考也是圍繞著$符號，這樣才有比較與計量的基礎，但不是說用貨幣或金錢思考的經濟學就失去了人性的思考，這樣又太小看經濟學這門帝國主義。

誠實商店賣的是人性，如果誠實商店是爲了省成本而只好讓人誠實消費，那麼，誠實商店的定價照理應該更便宜一些才有競爭力，但誠實商店的商品價格也許只是和一般便利商品同價罷了，所以「省成本」這個論點基本上是站不住腳的。更或許是誠實商店的營收（因為商品的品項有限）根本無法支持其他變動成本，只能慘澹經營，正因爲誠實商店根本無法滿足大家對「物」的消費需求，所以營收有限。

一般消費者在消費時求的是滿足消費需求，商品要足夠，購買要便利，這只消到便利商店或超市就可達成目的了，不會有人想在誠實商店滿足一般消費的需求，也就是說，在誠實商店消費根本上不是爲了購買而購買，而是要滿足誠實消費這種經驗，但無人的商店要如何傳遞這種教育理念呢？只能靠大家心領神會，或者靠社會教育來宣達。

誠實商店考驗的是人性，在把錢投進「誠實甕」時，再仔細想想，眞的「誠實」消費了嗎？

水蜜桃怎會變甜桃？

風景區的名產不是名產

我有一項不成文的堅持——若非不得已，不會在風景區買名產。這是因爲風景區的名產多半不是當地名產，不然就是價格太貴。

臺灣風景區的名產眞的是一籮筐，不管是不是當地所出產的，統統當作名產在賣，明明臺東就不產竹筍，但是就會在臺東的街頭買到筍乾，看看包裝袋，上面寫著產地南投，心想什麼時候南投的竹筍竟然越過中央山脈賣到臺東當名產啦？

很多人有買名產的經驗，但通常都被玩樂沖昏了頭，買了成堆不該買的東西，回程之後卻開始後悔，眞是掃興。

有一年秋天，一家老小爲了看清境農場的剪羊毛秀，想想在臺灣就可以看得到剪羊毛秀的話，就不用千里迢迢飛到紐西蘭和澳洲去看了。那一回，可是冒著可能會下大雨的風險，硬著頭皮還是上山去了。果然，半路還在山腳下時，就下起毛毛細雨，但是幸運得很，當天剪羊毛秀還是如期舉行，一百元的門票費，算是沒有白花。不過心裡還是不禁想，這一百元加上來回的油費，加上時間成本，只爲了看一場剪羊毛秀嗎？

經濟學總是念茲在茲地說，凡是選擇就有機會成本，我想想如果不去清境農場，我假日可以選擇睡到自然醒，整天無所事事看雜誌和電影，或者去找朋友喝咖啡聊是非，就可以哈啦一天，但這和剪羊毛秀比起來，我覺得去一趟清境農場所帶來的價值遠勝於其他，所以去清境農場是我最好的選擇，不過前提是不能下雨，否則一切盡是失算。

那天，路上下起毛毛細雨，玩興少了很多，這讓我明白，選擇之下或多或少都有一些風險與不確定性存在，天下事總是無法盡如人意。

水蜜桃與資訊不對稱

丈母娘每到風景區就得至少買上一回名產，才算是到此一遊，適逢山上剛好是水蜜桃的產季，光是省道上山的一條路上，盡是水果攤在兜售水蜜桃。每個老闆都說他是果農，產地直銷，但是說實在的，我並不清楚老闆是不是眞的果農，但是老闆很清楚，這時候上山的旅客很難不買水蜜桃。

這時候，你到底買還是不買水蜜桃呢？

要是我，我會不買！

如果不買，什麼事都沒有，不過千萬不要受旁人搧風點火說水蜜桃好吃，然後很懊惱又很後悔地買了一堆水蜜桃回家。

如果你要買水蜜桃，你覺得你買便宜了呢？還是買貴了？你買到好吃的？還是買到爛桃子呢？你去風景區的動機一定很清楚，一年到頭難得來幾次，或者是來了一次，下次可能要幾年後才會來，總的來說，你不會天天去風景區吧？

說到這，經濟學和農場賣的水蜜桃有啥關係？絕對有莫大的關係！

怡克納米斯常說：「當市場訊息不充分、不透明或者是不對稱時，擁有訊息的那一方將享有優勢。」這句話有點難懂，反正這是說給念經濟學的學生聽的，白話一點講是說，那天我丈母娘在山上買水蜜桃時，正因爲她對水蜜桃的價格、產地和品質不是很有把握，基本上買水蜜桃時，她就吃虧了，根本得不到便宜。

那一天，我又領教到一課菜市場經濟學。

水蜜桃的定價

因爲丈母娘根本不知道水蜜桃那時的價格應該一斤多少錢，怕買貴了受騙上當，於是乎最合理的方法就是不要在同一個水果攤買全部的水蜜桃，最好能夠分開買，基於雞蛋不要放在同一個籃子裡的風險分散方法，水蜜桃的價格可以很平均的接近市場價格。（要是水果攤老闆都串聯起來，聯合將水蜜桃價格賣貴一點呢？）眞的如此嗎？我很懷疑。那一次，是我第一次懷疑婆婆媽媽的菜市場經濟學會不會眞的如此神算？總是有失靈的機會吧？

那回，丈母娘前後買了三盒水蜜桃，一盒在剪羊毛秀的出口處，一盒在停車場處，另一盒在下山的路邊。水果攤的小販一定知道，這些來看剪羊毛秀的人，一定都是觀光客，一年到頭了不起來兩、三次，而且對水蜜桃的價格敏感度不高（既然都來玩了，何必這麼斤斤計較，減了玩興呢？），自然而然小販的最佳策略就是提高水蜜桃的價格。要是賣得太便宜，一定有人心想，怎麼這麼便宜？會不會不甜啊？還是長蟲啊？總的來說，小販賣貴一點是大家的共識，這點應該是有志一同。

基於清境農場的水蜜桃市場，接下來，我們來了解一下幾個經濟學名詞。

「獨占」，指某種產品的整個市場中只有一個供給廠商，且無其他近似的替代產品。

「寡占」，指市場由少數幾家廠商所持有，就稱之爲「寡占市場」。「勾結」，寡占廠商常透過勾結的方式，集體以獨占者的姿態出現，壟斷市場以謀取超額利潤。

「欺騙」，在寡占市場中，很容易出現卡特爾（cartel，意即「聯合行為」）現象，去協議定價和產量等諸多生產行爲，但是卡特爾組織內會有個誘因，就是只要不遵守協議，單一廠商就可以獲得超額的利潤（如削價競爭），容易出現欺騙行爲。

照道理，清境農場的水蜜桃市場應該是經濟學上的獨占市場才對，只有清境農場的水蜜桃，沒有其他產地的水蜜桃，所以小販賣高價是合理的，而且容易彼此通報，寡占整個水蜜桃市場。

但是，總有價格破壞者。

怡克納米斯常說，寡占市場容易出現勾結行爲，但是也容易出現欺騙行爲。風景區的小販可以選擇統一定價，這樣一來，觀光客只能有一種選擇。但是水果的品質總是有好有壞，統一定價的方法似乎有人會吃虧，有人會賺到。統一定價的方式，對整個風景區的小販來說是個利潤極大的方式，但對個別小販來說，卻又不是個利潤極大的定價方式，所以說，統一定價的方式總是會有些小販偷跑，破壞統一定價的協議。

岳母的三盒水蜜桃，在出口處買的最貴，這時候價格訊息最不充分，所以買貴是正常的。第二盒水蜜桃在停車場買的，次貴也合理，因爲小販鐵定知道我那丈母娘掌握「一些」價格資訊。

第三盒在回程路上買的，這可有點學問了。

小販可以賣得很貴，也可以賣得很便宜，因爲會下車來問價格的只有兩種觀光客，一則是買不夠還想再買的，小販賣太貴，他可能再繼續問下去（除非小販明白告訴他，再往下就沒得買了），要是小販賣便宜一點，他買的機會就很高。一則是還沒買的，這可能會被其他人（剛剛在其他地方買水蜜桃的人）所左右，因爲小販很難清楚知道他到底是前者還是後者，所以小販的最佳策略是賣便宜一點。

那回事實證明，在回程路上買的水蜜桃是最便宜的。

丈母娘被騙了

不過，令人難過的是，臺灣人做生意的道德成分還是很薄弱，尤其在觀光地區。回家檢視丈母娘買的三盒水蜜桃，竟然發現第一盒（出口處，最貴的）的攤商老闆藏了一顆爛掉的水蜜桃，那是因為極少人會當場檢視水蜜桃，也不可能每顆都試吃。第二盒（停車場處，次高價）藏了低價甜桃比率高達三分之一，這個最可惡，竟然用甜桃來魚目混珠，濫竽充數。至於第三盒水蜜桃，我沒機會知道，因為在回程時路過朋友家，因為顆數夠多，感覺比較豐盛，就當作伴手禮了，到底品質如何，可能要問一下那位朋友才會知道，不過呢，我想那位朋友不會告訴我實情。

下一回，我得好好告訴丈母娘，別買風景區的名產才對！

新臺幣兩千元紙鈔竟然不能用

兩千元大鈔是假鈔嗎？

有一回內人氣沖沖地回來告訴我，說皮包裡的新臺幣兩千元大鈔不能使用。這眞是一件「重大新聞」，心想，會不會是拿到假鈔，吃虧上當了呢？這下可好，損失了兩千元，可以吃上幾回大餐呢！

事實上，答案剛好與我的臆測相反，我內人拿的是「眞鈔」。搞清楚原因之後才知道，是商店門口貼了一張「本店小本經營，抱歉不接受新臺幣兩千元紙鈔消費，不便之處，尚祈見諒！」的公告，所以，店員不管三七二十一，也不管鈔票眞僞，一律拒絕使用！

爲此我還認眞地端詳一下這張難得一見的新臺幣兩千元鈔券，說實在話，我也是第一次見到兩千元「大鈔」，爲了以防萬一，我還特地找到中央銀行對於流通貨幣的介紹網頁，但是不論左看右看，我確認這張大鈔眞的是「眞鈔」！

爲什麼大家不接受大鈔？

悶的是既然是眞鈔，爲什麼沒人願意接受，也沒人使用呢？這點眞的很讓人想不通。適巧怡克納米斯來我家串門子，正好找他評評理，爲什麼新臺幣大鈔不能用？同樣都是中央銀行印製的，照道理講，新臺幣沒有被拒絕的理由才對！

怡克納米斯這麼解釋，既然是眞鈔，爲什麼商店拒絕接受兩千元紙鈔呢？這得從消費習慣說起。一般來說，消費者付款的選擇，不外乎以下五種：

1. 直接付現金。
2. 賒帳。
3. 刷信用卡。
4. 刷儲值卡。
5. 刷轉帳卡。

後面那三種付款方式都是泛屬塑膠貨幣的一環，所以不影響使用紙鈔的選擇，消費者可以從這五種方案裡，選擇其中一項付款。假設你今天決定用紙鈔付款，商店也得接受你用紙鈔付款，因爲只要是新臺幣都可以通用（除了僞鈔之外）才對，商店爲何要拒收呢？

交易成本作祟

經他這麼一說，我也覺得商店拒收兩千元大鈔完全沒有道理啊！既然信用卡都可以交易（不管有沒有超過兩千元），大鈔應該也可以交易才對。

怡克納米斯回說：「貨幣理論提到，貨幣之所以爲貨幣，乃具有

交易的特質，而這種交易的特質，只要是大家都公認某個東西具有交易的價值標準的話，就可以稱之爲貨幣。從這個論點看來，平常老百姓好像沒視這兩千元大鈔爲貨幣，總的來說，很少人會用兩千元大鈔來交易，就構不成交易媒介，所以可以說這兩千元雖然是國幣，但卻不是貨幣。」他接著說：「商店爲何拒收大鈔呢？原因不外乎是交易上所產生的『交易成本』太高所致，而交易成本太高，讓商店覺得很不方便罷了！」

什麼是「交易成本」呢？我問。

怡克納米斯解釋說：「交易成本乃是交易雙方爲達成一項交易所付出的總成本，包括議約、議價、風險及欺騙等成本，這些成本有些可以用『金錢』表示，有些則無法用『金錢』表示。」

這回我又糊塗了，兩千元大鈔既然是國幣，爲何不是貨幣呢？我記得在貨幣理論裡提到，貨幣的存在本質上就是爲了要降低交易時的成本與不方便性，怎麼兩千元大鈔竟然是提高交易成本，這點就和理論不符了。

怡克納米斯瞪了我一下，很顯然我正在挑戰他的權威，但這一次我總覺得我是對的，只是不知答案而已，而他的答案讓我不能接受，不能接受的原因是違背我所認知的貨幣常識。

他回說：「理論，其實是有時而窮的！但基本的道理並沒有改變，所以叫做理論！」他直截了當地這麼說。

貨幣也有交易成本

「爲何收大鈔有較高的交易成本呢？」我問怡克納米斯。

「一般來說，零售的消費通常是幾百塊錢的消費，可能用不上一千元以上的大鈔，也就是說要是消費金額是三百元，你可能選擇支付三張一百元紙鈔，或者支付一張五百元或一千元紙鈔，請老闆找錢給你。但是，要是你付一張一千元大鈔，老闆可得找你七張一百元，或者是一張五百元加上兩張一百元，但老闆沒零錢找你時，你怎麼辦？通常是老闆還得跑去隔壁商家拿大鈔換小鈔，或者請你去隔壁買個小東西或者是換鈔，方能達成你和他之間的交易。要是你拿兩千元和老闆交易，老闆臉色當然會不太一樣，心想，備了一天交易用的零錢，一下子就被你用光了，這不是很麻煩嗎？」怡克納米斯舉了個找錢的例子，解釋用大鈔交易的不便性。

經他這麼一提，我才慢慢了解到爲何他說國幣不是貨幣的道理。原來貨幣還是有交易成本，而交易成本還可以普遍發生在交易當中，不管是大鈔還是零錢，都是有交易成本的，只是貨幣的交易成本遠低於用其他方式交易的交易成本。

他接著說：「所以，你拿大鈔消費，對老闆而言是有交易成本的，而這些交易成本大概有下面兩項：擔心大鈔是假鈔和沒錢找零。」

「從老闆的擔心與憂慮來看，擔心大鈔是假鈔的風險其實是最高的，正因爲零售業很多是小本經營，有時候一天下來的營業額了不起才幾千元，要是收了一張僞鈔（如果還是大額鈔票的話），這樣一來恐怕損失會很慘重，可能一天的辛勞就要付諸流水了。」

「另外，沒錢找零也很麻煩，除非老闆拒絕你的大鈔，否則他得想辦法找零給你，有可能是把原本的零錢用罄或者找隔壁店家想辦法換錢，但是也可能會被拒絕（每個老闆都想避免麻煩），不管如何，大鈔會打亂他的步調，尤其是出現兩千元的大鈔，那簡直是無法接受。」

經過怡克納米斯的一番解釋，我才了解到交易成本可以左右交易的完成，只要交易成本過高，甚至可以讓交易中斷或者是減少交易，我也才知道，我內人手上那張兩千元大鈔就是直接提高了交易成本，以至於讓小本經營的商店拒絕交易，以避免無謂的損失。

找麻煩的大鈔

央行發行大鈔，總有人會以爲通貨膨脹即將來臨。舉土耳其的例子來說明。

所謂通貨膨脹指的是物價在一定時間內持續地上漲，有時候一日三市，這時候手上的貨幣購買力變得很差，大家都會搶購物資用來保值，因此，流通在市面上的貨幣愈來愈多。另外一種情況是一國的中央銀行濫發貨幣，搜刮民間物資，也會造成通貨膨脹，幣值會愈來愈低。

在土耳其，因爲過去通貨膨脹的關係，每個人很容易就擁有億萬財產。里拉（Lira）爲土耳其貨幣（國際通用的貨幣代號是TRL），過去一塊錢的里拉貶值最嚴重時，大約等於$6.79486308 \times 10^{-7}$美元，這種匯率是小數點後面帶了七個零，眞的小到不能再小了。當時紙幣最大面值是二千萬里拉，所以隨便的小額花費都是百萬、千萬的價格，很「揮霍」吧！

從二〇〇五年一月一日起，土耳其政府宣布，新貨幣在新年第一天正式啟用，新貨幣的面額比舊貨幣的面額整整少了六個零，新發行的一里拉折合一百萬舊里拉。這下子，所有土耳其人的身價頓時之間都少了六個零，不再隨便擁有億萬財產的土耳其人，一時之間當然很難接受。

我根本不知道中央銀行爲何要發行新臺幣兩千元這樣的大鈔，一開始總有一堆經濟學家憂慮說，是否爲通貨膨脹的象徵，但後來看起來，非但沒有通貨膨脹的影子，甚至還因爲持續的景氣低迷，大家不敢消費，又讓經濟學家開始憂慮是否是通貨緊縮時代來臨？這可能比通貨膨脹還嚴重。

爲什麼通貨緊縮比通貨膨脹還嚴重呢？各位有所不知，通貨緊縮指的是物價在一段時間內持續地下跌，或者是因爲政府採取緊縮性貨幣政策或生產過剩及消費減退，促使物價下跌，長期則造成生產萎縮的現象，就像是不久前的日本。

總的來說，我皮包裡不曾出現過新臺幣兩千元的大鈔，即使我有，我也不會放這樣的大鈔在身上，因爲我知道，這可能自找麻煩，或許，還會被商店老闆認爲我是來找麻煩的呢！

這樣看起來，印出兩千元紙鈔的中央銀行，不就是來找麻煩的嗎？所以，這兩千元紙鈔，到底方便了誰呢？

買中古車安全嗎？

經濟學家常說中古車（就是二手車）市場是個「檸檬市場」，這句話眞玄，玄到大概只有經濟系的本科生才會知道是什麼含義。

中古車是檸檬市場？

至於中古車市場怎會是個檸檬市場呢？中古車和檸檬如何扯上關係，這件事得從檸檬說起。

檸檬市場的說法是起源於一位美國經濟學家，在加州大學柏克萊分校的喬治・阿克羅夫（George A. Akerlof）教授在一九七〇年時發表的一篇論文〈檸檬市場：質化的不確定性和市場機制〉（The Market for Lemons: Quality Uncertainty and the Market Mechanism）中所提到的。這篇論文主要是談論資訊不對稱（asymmetrical information theory）對中古車市場的影響機制。文中阿克羅夫用不同的水果代替不同特性的中古車，以香甜的櫻桃與水蜜桃來譬喻車況優良的中古車，而用酸澀的檸檬來譬喻狀況不佳的中古車商品。

什麼是「資訊不對稱」呢？「資訊不對稱」是指交易雙方在交易時所擁有的資訊程度不對等，很容易引起市場失靈，後來發展出「資訊不對稱下的誘因理論」，大致內容是指，資訊較少的一方如何設計一套誘因制度，以克服資訊較少的劣勢，誘使資訊較多的一方透露出其所擁有的資訊，或誘使資訊較多的一方行爲符合資訊較少一方的要求。

所以，中古車用檸檬表示，只是因爲這篇論文用檸檬的酸澀來代表中古車而已，和檸檬根本就沒什麼關係。

我沒買過中古車，充其量也只買過車商的領牌車，這也算廣義的中古車，只不過領牌車沒上過路而已。其實，中古車對我而言接受度不大，嚴格來說是很低，原因無他，因爲我根本不知道這輛車的眞實車況如何？

買新車和買中古車不一樣，因爲買新車至少我知道這輛車沒掛過牌，是一輛沒上過路的原廠新車。而中古車就不一樣了，換過幾個車主？車況如何？有無事故？這些變數對我而言都是未知數，而且很難掌握。

弔詭的中古車市場

雖然新車和中古車一開始我都一無所知，但是，至少我知道這輛車沒人開過，還有車商的保固責任，所以買起車來可以比較安心，而中古車就沒有這層保障。能夠辨別是否發生過事故，以及車況如何，非汽車高手絕對沒辦法。

很顯然地，你我對於買中古車應該都心有戚戚焉才對，很擔心買了一輛破銅爛鐵回來，那可不是吃檸檬這樣酸澀而已，而是吃黃連，有苦說不出啊！

中古車的市場，我大概就只了解這些，但是問問怡克納米斯，他的答案至少會有很大的說服力。

「舉個例子來講，要是中古車市場上有一半的『好車』以及一半的『爛車』，而買方無法掌握中古車的資訊，你要是想買一輛中古車的話，你買到爛車的機率是百分之五十。要是賣方想要賣出一輛車況良好的中古車，對賣方而言值六萬元，對買方而言值十萬元，但是對一部爛車而言，是一毛錢都不值。」怡克納米斯提出他的看法。

他繼續補充說：「正因爲你買到好車的機率是百分之五十，所以，你可以出價三至五萬元之間買一部好車，但是你買得到好車嗎？」

「答案是買不到！」這是我的答案。

「要是買方只願意用三萬到五萬元之間的價格買這部車，而賣方知道這一部是好車的話，他怎會願意用低於六萬元的行情把車子賣掉呢？因爲不管怎麼賣，賣方都虧了一到三萬元。」

「要是賣方知道這是一部爛車的話，即使買方願意用三萬元的價格買下這一部車，或者更低價格，賣方當然會很樂意賣出，可是問題就在於買方用三萬元的價格買了一部破銅爛鐵回家，不也虧大了嗎？」怡克納米斯做了以上的說明。

這就很弔詭了，要是賣方本來想賣六萬元的價錢，最後卻想以三萬元的價錢賣給買方，聰明的買方一定知道這其中有鬼，不然，賣方怎會捨得低價割愛呢？所以，買賣可能不會成立。要是買方出價到六萬元，賣方願意賣了，買方也別高興得太早，認爲賺了四萬元，也有可能是因爲受賣方的欺騙而認爲這部是好車，成交之後才發現，花了六萬元還是買了一部破銅爛鐵回家。

所以，按照怡克納米斯的解釋，中古車市場上只會有「爛車」，不會有「好車」，因爲好車不會被賤賣，被賤賣的一定是爛車啊！這其中的原因非常清楚，因爲買方無法掌握這一部中古車的資訊，而我是賣方的話，我很清楚這一部中古車的任何資訊。

你掌握中古車的訊息了嗎？

中古車這個市場對買車的人風險很大，這不外乎是你所掌握的資訊少得可憐，而擁有資訊的一方就是這部車子的主人，他則很清楚這部車的所有資訊（如果他是三手車的車主，這就另當別論），包括是不是事故車、有沒有泡過水等等，這些資訊在短時間內，你很難用肉眼看出端倪。

喬治．阿克羅夫教授一九七〇年提出檸檬市場後，這一篇探討「資訊不對稱」的論文，才讓我們得知檸檬市場的嚴重問題。雖然當初阿克羅夫的論文主要是在討論二手車市場的問題，但後來卻被引申，用來意指出廠後問題百出的瑕疵車，與新車瑕疵方面相關的消費者保護法稱爲《檸檬法》。

《檸檬法》剛開始推行的時候，是爲了保護汽車消費者買到有瑕疵新車時的權益，後來《檸檬法》的適用範圍推廣到其他不同種類商品的消費者保護事項，例如：電器與電腦產品等等。也因此，美國自一九八二年起，各州都陸續地制定了細節各有不同的《檸檬法》，只有阿肯色州與南達科他州尚未制定。此外，除了新車《檸檬法》之外，部分地區如紐約州，也制定了針對中古車買主權益的消保法規。

美國的《檸檬法》規定，在新車購買之後的特定期限內，如果發生瑕疵情況，則汽車買主可以要求廠商無條件退款或更換新品，不得拒絕。這些規定至少保護了購買汽車或者是中古車的消費者，萬一買到爛車時，可以訴諸保護的法令。

即使有《檸檬法》的保護，你還是有可能買到爛車，爲什麼呢？因爲《檸檬法》保護的是事後，而不是事前。當你買到爛車時，你可以請求車商賠償、修復或者是更換，但這還不足以阻止你買到一部爛車。另外，《檸檬法》仍無法防止你用太高的價錢買到一部爛車。

美國的《檸檬法》是這麼規定的：

1. 產品的瑕疵將讓汽車在駕駛時產生致命或致傷的可能，而消費者在至少回報此問題一次給原廠或經銷商後，經過兩次以上的維修仍無法解決問題時；
2. 產品的瑕疵無致命風險，但消費者在至少回報此問題一次給原廠或經銷商後，經過四次以上的維修仍無法解決問題時；
3. 產品在《檸檬法》保護期間，因回廠維修，導致無法正常使用的天數超過三十個工作天時，得以適用《檸檬法》。

美國的《檸檬法》保障的不只是中古車而已，連新車都有，希望把消費者購車時所承擔的不確定風險降到最低，但是，如前面所提到的，《檸檬法》保障的是事後，而非事前。

那麼，有什麼方法可以保障事前呢？也就是說，當你買中古車的時候，最好都是車況良好的中古車，不會買到瑕疵車或者是事故車。

訊息揭露的好處

最近，臺灣興起一種中古車聯盟，這種聯盟的興起，大抵和中古車是檸檬市場有關，這種聯盟乃鑑於國內中古車市場長期處於各車商百家爭鳴的狀況，消費者購買一輛中古車往往有相當的心理障礙，因此整合國內優質中古車商，成立優質車商聯盟，號稱保證聯盟車行販售車輛「無泡水、無重大事故、無引擎號碼非法變造」的三大承諾。這些保證無非是想打破檸檬市場的僵局，由車商先「誠實」宣告絕不販賣中古「爛車」。

這種聯盟的做法是宣稱，只要消費者在購車後十五天內發現車輛違反「無泡水、無重大事故、無引擎號碼非法變造」的事實，即可直接要求交易車商以原車價無息購回，如交易車商處理不當，即可透過某汽車經銷商（通常是大型汽車經銷商）來協助處理與鑑定。

這種聯盟十五天內的「保固期間」是屬於保障事後的購車權益，不過，十五天似乎有點短，對照美國《檸檬法》的規定，恐怕還是有點不足之處，要是過了十五天之後的第十六天才發現是部爛車，那買中古車的人還不是要自認倒楣嗎？但這至少是進步的開始，就看消保會和公平會能不能訂出一套符合臺灣市場的《檸檬法》了！

爲什麼清潔劑的補充包賣得比較貴？

在臺灣，有一陣子新聞報導揭露說，清潔劑的補充包價格賣得比桶裝清潔劑還貴很多，馬上就有很多人站出來說，清潔劑的廠商訛詐消費者，甚至說這些廠商一點都不環保。

有這麼嚴重嗎？

事實本是如此，何須驚訝？

我以前住臺北市的時候，得一個人打理自己的生活，那時候，我早已發現補充包的單價賣得比桶裝清潔劑貴上許多。我也很納悶，爲何這種號稱環保的補充包要賣得比桶裝貴呢？

其實，我發現市面上很多號稱「環保」的產品，價格都貴上一點。

這個原則也沒錯啊！

如果產品比較環保，可能是因爲是製程比較先進，對環境的汙染比較少，那麼多付出一些錢，看似也正常啊！

但是，補充包只是塑膠桶換成是塑膠袋而已，價格總不至於差上這麼多吧？

在量販店裡，產品的市場價格都是透明的，貴和便宜之間，消費者自有主見，怎麼說都不是廠商故意或惡意訛詐消費者啊！

消費者是理性的

爲何「清潔劑補充包的價格會賣得比桶裝貴」這件事，並沒有經濟學家跳出來解釋？可見這是一件小事，大概經濟學家都在處理國家大事，毋庸勞煩經濟學家來解釋這種雞毛蒜皮的小事。

這種價格問題，對我這種消費者而言，當然是買最便宜的產品（當然也是在其他條件不變之下），反正洗衣的效果相差無幾。況且，我也無法以肉眼分辨出到底哪種清潔劑的清潔效果比較好。因此，價格當然是我比較的最好標的。

經濟學認爲，誘因乃是促使一個人追求自己最大利益的一種手段與工具，然而經濟學係一種研究誘因與設計誘因的工具，經濟學只會說明這個誘因下有什麼可能的後果，或是那個誘因下有哪些可能的後果而已。言下之意，經濟學很講究動機論，也就是一件行爲發生的誘因爲何，只可惜大家都在爭議「價格」的問題，卻沒有發覺動機的問題。但廠商有欺瞞和隱匿消費者嗎？我覺得可能沒有，因爲價格是公開的，消費者自己可以比較，不能說明明有比較便宜的桶裝，消費者卻買到較貴的環保包叫做欺瞞，這邏輯實在說不通。

但偏偏有一堆人說這邏輯是對的，怪哉！

事實的眞相：誘因

我還是有疑問，事實果眞是我想的這樣嗎？

怡克納米斯會是怎樣的說法呢？眞是讓我有點忐忑不安，不安的是，因爲我的經濟學常識與程度，在他眼中簡直是一文不値，沒事還會被他調侃一下。

湊巧在量販店中碰到他，忍不住還是打破砂鍋問到底，我不相信我這個好友能損我酸我到何等程度！

「關於這個問題，本質上，價格是彰顯在外的資訊，當然消費者對於製造過程的實質成本多少，這個資訊本來就不知道，但也毋須知道。消費者只要知道廠商用這個價格賣，他願不願意買即可。如果他不願意買，就買其他比較便宜的商品即可。但此時競爭就出現啦！這就是經濟學講的價格機能。」他一派輕鬆的回答我的疑問。

但我始終看見他睥睨的眼神，在我的印象中，他這回答不也講過好幾次了嗎？話不損人則已，這眼神倒是又酸得很喔！

怡克納米斯又接著說：「所以，要求廠商揭露製造成本，這眞是一件很奇怪的事情，如此一來，政府單位是不是要針對每個揭露的價格資訊進行稽查，不然說了等於白說，那得浪費多少人力和物力？」

我怎麼好像聽了一堆廢話？他講的我都知道啊！

故事的經過

補充包賣得比桶裝清潔劑貴的事件，經過是這樣的。

有一天，媒體揭露市面上大部分的清潔劑，環保補充包的售價普遍高於桶裝售價。官方與民間單位一致認為，補充包的單位成本應比桶裝便宜，顯然補充包的售價過高。但業者的說法是，補充包供給量比較低，且小包裝單位成本高，所以售價會較高。

到底誰是誰非，消費者還是霧裡看花，愈看愈花。兩造的說法都認爲各自是合理的，但顯然都忽略了市場經濟的思維。經濟學上常說，供給和需求會決定市場價格。假定消費者對洗衣精（不管包裝如何）的需求都是一樣的話，那麼價格變動的原因就是供給的部分，供給變少，價格就貴；供給變多，價格就便宜。既然是這樣，那麼業者說補充包賣得比較少，所以要賣得貴一點，看似是合理的。

誘因的效果

「非也！非也！看起來一點也不合理！」怡克納米斯倒是表示意見了。以我是他多年好友的觀察，他一定會說出令人料想不到的答案。

「從誘因的角度來看，補充包倒是故意要賣得貴一點，好讓消費者選擇桶裝清潔劑，如此才會讓消費者以爲桶裝清潔劑比較便宜。」

奇怪了？是廠商故意，那麼就是訛詐消費者囉？

「非也！非也！我有說『訛詐』這兩個字嗎？」

這就是話講太快，沒動腦的結果，此話一出，當然討了一個被損的眼神。

「在市面上，桶裝清潔劑的容量幾乎都高於所謂的環保補充包，就業者效用極大（也就是利潤極大）的前提之下，業者當然傾向於多售出桶裝的包裝，而少售出補充包的清潔劑，如此一來，收益才會極大。」

我認為他講得很合理，但是語帶玄機。

「要達成這個目的，只要在桶裝清潔劑的旁邊擺上一包補充包，讓消費者看一眼就知道補充包比較貴，消費者當然會選擇買桶裝清潔劑，因為消費者認為買桶裝的比較划算。」怡克納米斯接著說。

「所以，業者講的是沒錯，環保包供給量少，所以單位成本變高，所以售價比較貴，但這是目的與手段，而不是市場經濟的結果。」

果然高手一出馬，答案就是令人刮目相看。

我同意怡克納米斯的看法，就因為消費者都傾向於買便宜的清潔劑，那麼，廠商只要刻意告訴他，桶裝比較便宜，不就達成目的了嗎？

補充包變便宜了

過沒幾天，廠商在多方壓力之下，決定降低補充包的售價，這時，官方和諸多民間單位馬上就說，廠商擺明就是詭詐消費者，本來就便宜，還故意賣得比較貴！

這又誤解了經濟現象。

這回，不必勞請怡克納米斯來解釋。

那幾天，在媒體大肆的宣傳之下，幫廠商做了多次免費廣告，要消費者多買補充包，而且大家預期補充包會降價。這種官方宣言與消費者的預期心理，讓廠商將生產能量轉移到補充包的生產線，這樣一來，供給愈多，在需求不變的情況之下，價格當然就會滑落，廠商還是在利潤極大的前提之下生產，並沒有違背經濟理論啊！

但此時媒體和官員就開始邀功了，要不是因爲他們大力施壓，廠商根本不會把補充包的價格降低啊！

簡單的經濟現象，爲何攪了這麼多口水啊？

我想，怡克納米斯應該也會這麼想。

法官大人，看電影爲何不能攜帶外食啊？

電影院的爆米花與飲料，是策略的創新

很多人看電影，都有帶包爆米花和汽水進場的經驗（一些影城還會販賣熱狗），至於爲何看電影一定要帶爆米花呢？有網友認爲，看電影一定要帶爆米花，正因爲這是美國電影娛樂文化的代表，而這種說法也可以在《大銀幕後：好萊塢錢權祕辛》（*The Big Picture: Money and Power in Hollywood*）這本書得到印證。作者Edward Jay Epstein在這本書的第十五章「爆米花經濟」提到，因爲電影院單純播映電影的門票收入不僅單一且有限，電影院必須改變經營模式才能獲得額外的收益，而賣零食和點心變成首重的營運策略，其中又以爆米花的獲利最高，估計毛利率超過百分之九十。此外，爆米花的重口味（配料裡面多放鹽）又會讓消費者口渴，這又讓消費者產生購買汽水的需求，而汽水又是另一樣邊際利潤很高的產品，這是連鎖多廳電影院

經營有成的訣竅。文中另外提到電影院的設計，潛藏著讓消費者多消費飲料和爆米花的誘因，安排觀眾買票要進放映廳前，都要先走過小吃部才行，再讓戲院裡每個座位都加裝了杯架，這樣觀眾才有地方放飲料，讓消費者多買一點爆米花，於是乎電影院座位扶手上的杯架是「有聲電影發明以來，最重要的技術創新。」

我們不得不佩服一些經濟學家，很多看似想當然耳的小事，在這些經濟學家眼中，有時候是一件大事。

請大家回想一下，當你在電影院購票進場時，票務人員一定會暗示你片長超過兩個小時，接著，馬上主動兜售爆米花和汽水，如果再和銀行合作刷信用卡還可以打折，此時你會加購嗎？我見過很多消費者都會加購，但這招對我實在沒用，我通常購票時一定會先聲明僅單純購票，省得票務人員和我囉嗦。

我認爲每個營業場合裡，業者都會無所不用其極的提高營收，當然，會有很多伎倆讓消費者在不知不覺中多消費。就像怡克納米斯常舉例說，在美式啤酒屋的爆米花是免費的，但要喝白開水恐怕得付錢，這是因爲啤酒屋的主要營收當然是啤酒等酒精性飲料，讓消費者多飲用才能提高營收，而免費的爆米花又會讓消費者口渴，讓消費者以爲爆米花免費而多享用時，其實才是老闆最樂的時候，因爲這些啤酒的銷量才會大大地提高。

所以，免費的才是最貴的！

電影院的爆米花搭配汽水，其實也是這層道理，只是這兩項都要錢。從這樣的基礎來看，電影院顧慮的並不是販賣的餐點會造成髒亂的清潔成本，而是總體的收益是否有所提升，對電影院而言，像我這等單純只看電影不消費餐點的消費者，相對來說當然是少賺了，而讓那些外帶餐點進場的消費者進場，不就更「賠了夫人」（沒賣到餐點）還「折兵」（負擔清潔費）了嗎？

另外一件事，各位是否曾經察覺過，電影院賣的食物，通常比外面貴上許多。原因各位也許很清楚，正是「無從選擇」啊！因爲這時候的情境，電影院的美食部就是獨占廠商，食物賣得貴，這是必然的，然後消費者也是心甘情願，可不是嗎？

電影院的營收結構

電影院的營收主要有兩種，放映電影的營收必須繳給片商權利金，這有點像是「租金」，因爲時間有限，必須盡可能地提高播映場次，並縮短中場休息時間，門票收益才能提高。第二種營收就單純控制在電影院手中，就是販賣飲食的收入，這部分的收入不必和片商瓜分，於是乎當消費者購票時，票務人員才會暗示消費者要不要購買爆米花和汽水，然而當政府以《公平交易法》或者是《消費者保護法》規定業者不得禁止消費者攜帶外食進場時，這當然會威脅到業者的營收。這明白的告訴消費者，電影院的飲食價格高於外面的價格，因此，消費者購票進場前，可以先行購買其他飲食進場。

如果消費者看電影都買外食進場，對電影院業者的營收當然有重大影響，因爲，完全自主的邊際營收受到影響，而且還要負擔額外的清潔成本，可謂是賠了夫人又折兵。

當然，電影院也可以實施差異化策略。既然邊際營收受到影響，可以從票價著手，改善或優化電影院的環境也是可行策略，但這是一筆投資，在票房不景氣的時候，就得看業者願不願意大力投資了！

影城禁帶外食，北市開罰違憲！

到底看電影該不該開放外帶餐點、飲料進場？這件事想必見仁見智，每個人需求不同，當然會有不同的想法，但提高到憲法層次來討論，這就讓我感到相當好奇，爲何「看電影」和「吃喝」這兩件事，會與憲法有關係呢？

二〇一三年十月二十五日《聯合報》一則「影城禁帶外食，北市開罰『違憲』」的新聞中，引用臺北高等法院法官的說法：「禁帶外食維護看電影環境的公益性，大於影城業者不得禁止消費者攜帶外食以避免消費者買較貴食物的公益性；臺北市有多家電影院，消費者可隨喜好選擇電影院，影城業者沒有壟斷和寡占，沒有逼消費者非買戲院內較貴的食物不可，禁帶外食規定是企業選擇的經營方式，屬於職業執行自由範圍。」

我很少去看法院的裁判書，但一份引用經濟理論的裁判書，眞的讓我非常好奇，而對於何謂「公益性」這件事，我認爲法官落入規範性的主觀論述中了。至於這句「以避免消費者買較貴食物的公益性」這句話的邏輯爲何？倒是讓我丈二金剛摸不著頭腦了。

經濟學談「規範」與「實是」是兩派不同的論點，前者論是非對錯，後者只論事實是什麼。這討論起來很囉嗦無聊，有興趣的朋友可以去維基和Google一番便知。

選擇的自由

消費者的選擇是憲法的層次？我得和怡克納米斯好好請教一下，我還是第一次遇上「憲法層次」的討論。

怡克納米斯回說：「我偶爾閒來沒事會去電影院進修一下，看《環太平洋》，我會以進修核子動力學爲名目；看《美麗境界》就來算賽局；看《鐘點戰》就當作複習貨幣學，反正我有很多僞名目的進修動機去看電影。但看一場電影動輒兩個小時，肚子會餓、口會渴，而且我明知電影院販售的食物在電影院具有獨占性，價高又不見得美味，讓我無從選擇，且讓我的消費者剩餘（指消費者願意支付的最高價格與實際交易價格的差距）被剝削，因此，我一定會在開演前把外食帶進電影院，因爲電影院外的餐飲供應，絕對具有選擇性與競爭性，讓我有消費者剩餘。」

怡克納米斯講這句話，其實是在反駁法官認爲影城業者「沒有壟斷與寡占」，這個論點，隨便一個大一經濟系的學生都可以反駁。

「爲什麼？法官的論點站不住腳？」我問怡克納米斯。

「當你進到電影院時，這時候你根本無從選擇，你不是拒絕買電影院的食物，就是接受。因爲無從選擇，電影院的美食部就是獨占與壟斷！」怡克納米斯接著說出他的觀點。

我想怡克納米斯的說法是駁斥法官的論點，法官站在電影院外面，臺北市有多家電影院，本質上每家電影院當然不會構成「寡占」或者是「獨占」的問題，於是乎，電影院附帶經營的飲食也就不是「寡占」或者是「獨占」，這是「公親」的觀念。然而，當法官變成「事主」走進電影院購票看電影時，他的選擇自由早已改變，而且受限，不能再用「公親」的角度看這個事件。

但是，法官並未討論經濟學上「公益」與「私益」的問題，同時，禁帶外食規定是企業選擇的經營方式，屬於職業執行自由範圍的論述，我認為太過於主觀與武斷。關乎這幾點，我認為怡克納米斯一定有同感！

公益與私益

一般來說，我帶進電影院的外食絕對合乎「公益性」，我不會帶薑母鴨、燒酒雞和臭豆腐等會引發其他消費者味蕾與口水的「美食」進場，讓其他人不安於看電影。

這牽涉到一個重點，什麼是「公益性」？

怡克納米斯認為：「某甲帶進電影院的外食，要判斷是否侵害某乙等人安心欣賞電影的『效用』。如果說某甲的外食具有『侵略性』，雖說對某甲具有私益性（指其對自己本身的效用），卻損及其他人的效用總和的公益性，因為財產權已經界定（大家都付錢看電影），那麼，把這個人在未買票進場前請出電影院，或者請他在入場前丟棄食物，這當然合乎效益。」

根據怡克納米斯的論點，我了解到法官認爲「禁帶外食」維護看電影環境的公益性（影城立場），一定大於「影城業者不得禁止消費者攜帶外食」（消費者立場），這個推論肯定太過於主觀。

「法官認爲，在這個場域中，業者有權主張，既是如此，反過來說，即是消費者進入電影院時，他必須放棄選擇外食的自由，即便這個權利是憲法所保障的自由權，這樣就變成法官用違憲來說明自己的說法也違憲了！更何況，電影院內販售的食物對消費者而言具有獨占性，並沒有選擇的自由，因此，法官不能主張維持一個獨占性的名目自由，必須犧牲其他人選擇的實質自由。」怡克納米斯接著說出他的看法。

自由的爭論

這倒是讓我想起我在大學時和憲法教授的爭論，因爲憲法教授規定每個人都要有固定座位，以利他點名，但我不這麼認同他的規則。我主張《憲法》保障人民有遷徙之自由，因此我有選擇我想坐在哪個座位之自由。

憲法教授火了，他主張在這個教室場域內，他有主張學生坐在哪個位置的自由

（即是前述個案中，法官認為電影院的職業自由），我就回他，他主張的自由和《憲法》主張的個人選擇自由，《憲法》保護哪個自由？我甚至說他「違憲」（一個毛頭小子竟然敢當面對憲法教授「嗆聲」違憲，好大的膽子）！憲法教授一火，竟然大聲說，這個教室他最大，與他的意思違背者，一律無效（《憲法》竟然在憲法教授面前「無效」）！最後的結局，當然是我的《憲法》成績被狠狠地修理了。

從經濟分析來看法官的判決，邏輯上是很難成立的，因此，我也會懷疑法官對於引用經濟分析來作爲法律的論斷依據，是不是能夠有效掌握經濟分析的精髓？

看電影是否可以攜帶外食這檔子事，其實是可以約定的，像薑母鴨、燒酒雞、臭豆腐之類會干擾其他人安心欣賞電影的美食，應該可以宣告禁止，但其他外食則不應禁止，更何況電影院也有販賣，大家各自維持自身的自由即可。如果有人堅持要帶薑母鴨、燒酒雞和臭豆腐進場，依據最低交易成本原則，送他等額的電影票現金，請他離場即可。

要不然，看電影一律不准攜帶食物，這也很公平，反正就是要大家公平選擇，但我摳腳趾一算，電影院一定不會同意這麼做，原因爲何？也請大家一起摳腳趾想一下……。

你的光不是我要的光

我相信每個人都喜歡光亮的感覺，反而對於黑暗的空間，多少都會有點排斥感。舉個例子說，我相信大多數的人都喜歡走在光亮的街道中，對於闃黑的巷道，多少都會有點恐懼。害怕黑暗，不知是否爲人類的天性？還是因爲黑暗裡可能有不可知的事物，正因爲不可知，就會產生不安。

醫學上就有一個叫做「黑夜恐懼症」（scotophobia）的病，這種病一發生的時候，可能會導致多種生理症狀，除了一般的焦慮和壓力之外，也可能令人產生沮喪。這種「黑夜恐懼症」，其實是大腦裡胡思亂想的結果，當然，我不曉得人的膽子要大到什麼程度才能夠克服這種感覺，但我先承認一下，因爲我是普通人，所以多少還有點「黑夜恐懼症」。

十八歲那一年，某天我去參加登山隊，用兩天一夜的時間爬北大武山。半夜領隊把我們全體隊員都叫醒，說要利用黑夜摸黑攻頂。那時候，我靠著頭上僅有的頭燈，在一片漆黑的林地中攀爬，這種感覺眞的很詭異。下山時已經晚了，同隊的隊友因爲頭燈壞了，我二話不說就把我的頭燈借給他。事後想起來，那眞是一件令人後悔的事，就這樣一路上我摸黑下山，僅靠著月光的反射，才依稀辨識出山徑，這樣一路下山時，我腿都軟了。

我常有一個人在黑夜裡的經驗，不管是登山、野營還是當兵站崗服衛勤，講白一點，那種感覺眞的很不好，有時候眞的恨不得時間跑快一點。

話說回來，不喜歡黑暗，難不成就喜歡光亮嗎？

光亮確實會有安全感，但光彩眩目會不會讓你有安全感，這可是兩件事情了。

光害是一種「外部成本」

有一個名詞叫做「光害」，或稱之爲「光汙染」，乃是人類過度使用照明系統而產生的問題。最顯而易見的影響，是城市夜空裡的星光，被城市的燈光所覆蓋而消失了，這使得觀察宇宙的研究受到影響，而且也破壞了生態平衡。最簡單的例子，就是當你在都會區想抬頭看星光時，因爲光害的關係，恐怕無法讓你如願，這時候你只能往郊區跑，遠離都會城鎮，或許，你還有機會看到燦爛的星光。

大部分的光害均來自很多令人厭煩的人造光源，如光騷擾、眩光、雜亂及天空輝光四種，我相信這四項裡的任一項對我們而言都是傷害，只是我們無法察覺而已。

你睡覺時習慣開燈還是關燈？不管如何，我相信，睡覺開著天花板上的日光燈，想必你一定無法安然入眠。我的習慣是在走廊上開盞燈，除了增加安全感外，也讓半夜突然想上廁所的小朋友不會摸黑跌倒。

但是，當你想睡覺休息時，外頭卻有閃爍的霓虹燈、廣告看板，甚至是亮得過頭的街燈，這些你可都管不著了，總不能說妨害你的睡眠，就拿彈弓一一殲滅吧？

光害其實就是一種經濟學上認定的外部成本，這種外部成本對其他人而言，產生直接或間接性的損害，但製造光害的人卻不用付出任何成本。簡單來說，當你苦於光害問題無法解決時，製造光害的人卻一點也感受不到你的痛苦。

對光害「收費」，可乎？

「既然光害是一項外部成本，按經濟理論，可否『內部化』，依損害的規模收費呢？」我問怡克納米斯。

「這讓我想到有名的寇斯定律，只要交易成本等於零，法定權利（即產權）的初始配置並不影響效率。我提了一個在中國大陸廣州市的例子，當地政府提出要徵收光汙染的排汙費。」他果然舉著名的寇斯定律來說明光害的例子。

怡克納米斯舉的這個案例，二〇一〇年中國大陸的媒體報導說，廣州市正在醞釀試點開徵光汙染的排汙費。如果能投入實施的話，它將成爲中國大陸第一個採用經濟價格來調節城市光汙染的城市。

「大陸這個『經濟價格』是個有意思的名詞，我想大抵上的意思就是說『外部成本內部化』，更積極一點的說法是『依損害規模計價』！」怡克納米斯繼續解釋。

中國大陸廣州市光汙染的排汙費課徵，主要是因爲街邊的霓虹燈看板太過眩目，超過一定的程度的話，將構成光汙染，招牌的所有人必須繳納光汙染的排汙費！報導中說道：「廣州市環境保護科學研究院李明光博士表示，按照國際通行的光環境功能區劃，像北京路步行街這樣的商業區屬於中視覺區，它的正常光亮照度平均值應該爲十五流明。但是根據他們此前對北京路步行街的檢查，那裡的光亮照度最高超過一千流明，比正常值超標三十到六十倍！」

新聞提到，光就街燈而言，正常的輝度應該是十五流明（Lumen，符號為lm，是光通量的SI國際單位，它是人眼感知光能的量度），超過這個數值，就是太亮。就經濟學的說法是，十五流明的經濟效用最高，太亮的話，邊際效用遞減，反而變得很眩目刺眼了。

在臺灣，臺北市環保局提出《臺北市光害管制自治條例》，在二〇一七年的十月送進市議會審查。根據統計，臺北市有一百萬件以上的廣告招牌，首當其衝就是廣告招牌可能形成的光害問題，臺北市廣告公會呼籲，應制定詳細的依循標準，避免無所適從。

兩岸的城市都認爲都市招牌過亮，光害將成爲城市新公害。

我問怡克納米斯，光害的問題如何透過經濟手法將之減少呢？

他笑著說：「很簡單，外部成本內部化之後，透過徵稅的方式，就可以有效降低都市光害的問題。例如說，店家的招牌必須立案許可，再根據輝度的大小，課徵累進招牌稅，招牌愈大愈亮，則稅金愈高，而且必須同牌照稅一樣，年年課徵，違者就報拆，就不會有店家將招牌當作軍備競賽，比大比亮了！」

我想了想，招牌稅？臺灣哪個地方政府願意開徵呢？

美麗過了頭，是一種危害？

我記得有些國家因爲考量到城市空間的美感，某些特定建築物是不能關燈的，我想，這大致上可以接受，但問題來了，半夜裡這些建物還亮著燈，到底給誰欣賞？外星人？還是半夜睡不著的夜貓子呢？

這個問題，怡克納米斯有他的特定說法：權衡淨效用！

「簡單來說，晚上這些建築物還開著燈，到底為誰產生了效用？有多少效用？符合成本效用原則嗎？如果不關燈的邊際效用，大於開燈的邊際成本，那麼開燈是可以增加社會福祉的；反之，就是浪費資源。」怡克納米斯提出他的見解。

他接著說：「假定這些大樓不關燈，產生了夜間的空間美感，這變成了共有財，沒有獨占性，也無法排他，這些大樓的所有者必須支付邊際的電費，來滿足其他人的空間美感，這就成了『外部經濟』，因為大樓的所有者無法向這些不特定享受到空間美感的民眾收費。照理說，有享受到好處的民眾，可以付點錢給這些大樓擁有者，只要補貼的費用不高於自己得到的空間美感效用的話，花點錢是值得的。但問題也在此，大樓的擁有者，如何向這些民眾拿到這些錢，而這些民眾會不會隱匿自己得到的好處而知情不報呢？」

經濟學的燈塔

我了解怡克納米斯的說法，即使要收費，理論上可以成立，但實際上有很高的難度，這是因爲交易成本太高，民衆也有隱匿自己得到的好處，形成道德危害的問題，所以，最好的做法是交由政府處理，夜間點燈的費用由政府買單，完全變成是共有財，就不會有如何收費的問題了。

怡克納米斯這個說法，像極了寇斯舉的「燈塔收費」的案例，一般來說，漁民受益於燈塔的指引，好處是航行受到一定的保障，漁民應該向燈塔的主人付費才對，但因爲收費困難，大部分的人都會主張燈塔應該是一種「共有財」，由政府經營才對。但寇斯卻明白指出，經濟學家單純的假設並未有事實的基礎，他舉英國的例子，私營的燈塔可以向政府申請特許，建造燈塔後向船隻收費，只要多個船主聯名簽字，對政府說明建造燈塔對他們有利，而且願意支付「過路費」。當燈塔建成後，「過路費」由燈塔主委託代理機構（海關）向船主收費，收費的機制依據船隻的大小與航程上經過多少的燈塔而定，不同的航程就有不同的費用。

經濟學上燈塔的案例當然無法適用於城市燈光，正因爲城市的燈光照明，尤其是大樓的燈光是否能夠形成一個實際效用，其實很難論斷，當然，無法向受益人收費，更無法由政府買單。

然而事實是，我認爲某些豪宅的燈光照明既然是設計過的，其實也隱含著房屋所有人擁有某些潛在的利益，譬如說是「房價」與「身分」。

反過來說，街道霓虹燈要是太亮了，對某些人而言，當然會產生某種程度的損害，譬如說焦慮與不安，這就是外部成本的範圍了，也就是說，這些霓虹燈的主人對其他人產生傷害成本，但加害人卻不用負擔任何成本。

廣州市光汙染的課徵，想必就是外部成本內部化，當然，也節省了用電量（想必這才是背後的目的），降低了溫室氣體的排放，把這些電力移轉到具有生產價值的經濟活動上（如工業用電），就用不著沒事「拉閘限電」了啊！

後記

你爲什麼念經濟學？

很多人一定和我一樣，大學會選擇經濟系，通常是一種機緣，這種機緣就是塡志願造成的，志願塡到哪就選哪，純粹是碰碰運氣，就這樣運氣一碰就到了經濟系，然後一路念了四年經濟學而已。如果你念出興趣，或者是被經濟學套牢的話，大概就是再繼續攻讀研究所，一路從碩士班讀到博士班，再花個十年左右，可能就是個經濟學博士，我大學同學中有幾個就是這樣。

所以，有人問我當年爲何選經濟系而不是哲學系，我想就是機緣罷了，沒什麼機巧可言，也沒什麼故事可訴說，反正大抵上服膺「船到橋頭自然直」的諺語，反正就是念了再說。

大學四年，我不只一次想轉系，正因爲經濟系不是一門普通的學問，老是攪得我心神不寧，就怕被當，還怕被二一出局。就像學校常謠傳三計的故事一樣，統計是「統統忘記」，會計是「快快忘記」，至於經濟呢，就是「經常忘記」，描述得相當傳神。想必一定有很多人被這「三計」掃地出校門，但是我們大一到大四天天圍著這三計繞圈圈，加上不時來搗亂的微積分所造成的學分「危機」，能夠安然念完四年的人，最後還能領個學位證書，果然有異於常人的能力，至於念到經濟醫學院的人，還是大有人在（戲稱大五畢業是念牙醫，大七才畢業是念醫學系）。

大學時期，同學把經濟學念做「唉哭那沒哭死」，足以見得經濟學眞是難上加難，讀到欲哭無淚而已，但還不至於嚴重到一哭二鬧三上吊。

眞的那麼難嗎?的確很難。

我們看看大學經濟系的課程安排就知道了。

大一：經濟學原理（若被當掉，會擋修大二個體和總體經濟學）。

大二：個體經濟學、總體經濟學、經濟數學。

大三：貨幣經濟學、公共經濟學、計量經濟學、經濟思想史、產業經濟學、工程經濟學。

大四：國際經濟學、經濟分析、環境經濟學。

看看以上的課程安排，經濟學好像不太多的樣子，頂多十幾門課而已。但念起來並沒有很輕鬆，而且恐怖的是只要大一經濟學原理沒過關，大二以後所有必修課全部擋修，所以要是不暑修的話，多念個一、兩年其實也是很平常的事，無法適應壓力的人，碰到必修課，鐵定「必休克」！

我的資質駑鈍，直到大學畢業後才知道經濟學到底在學些什麼，大抵是學邏輯與分析而已。經濟學理論裡面有太多工具可以協助邏輯的推理與分析，所以才有經濟學家寫出一系列膾炙人口的推理小說，只可惜當年和這幾本小說無緣見面，不然我的經濟學可以學得更好一些。

如果你要念經濟學，又不想當經濟部長的話，經濟學的訓練可以協助你很快地洞悉一件事情的脈絡與邏輯。不管你在各行各業，鐵定用得到經濟學裡的一些工具來協助你分析與研判，甚至是策略規劃。此外，在生活上也是，你會變得理性一點，當然，也可能具有智慧一點。你也可以拿經濟學去檢視你的行爲、企業的策略是否符合效用極大與理性的基本原則，是否禁得起經濟學工具的檢視，如果過關的話，恭喜你，你離「眞實」愈來愈近了。

念經濟學其實是一件很有趣的事，就只怕很多人攪得經濟學變得很枯燥和乏味。如果你讀完這本書之後，還是覺得很枯燥乏味的話，請你趕快告訴我，我會盡量寫得更好，寫得更有趣一些。

你為什麼念不好經濟學？

一些大學生問我，怎麼讀好經濟學呢？其實，念經濟學只有一門訣竅和心法，就是當「念經」一樣，你不每天讀它，怎會容易讀懂它、搞定它呢？有道是知己知彼，百戰百勝，我的訣竅是每天讀它、想它，談它，到最後，它就是你的囊中物。

我的桌上永遠放著兩本書，一本書是《經濟學原理》，從大學一路到現在，沒在我的書桌上消失過一天，另外一本書是《經濟學大辭典》，讓我方便查閱一些經濟名詞與理論，這兩本書可以左右逢源解決大部分的問題。此外，千萬別忘記有方便的網路搜尋引擎，加上網際網路的援助，簡直是如虎添翼，解決事情可以事半功倍。

除了「念經」之外，最重要的是你要認為經濟學很有趣，把經濟學當成是百科全書一樣，三不五時就來看看經濟學的看法如何，這樣一來，至少可以打通你對經濟學的任督二脈。

蹲馬步的功夫打足了，接下來就是練功的部分。

我認為最好的方式就是「寫下來」，從發現問題到分析出結果，這一連串的思考過程，最好夠寫下來，不管是用紙筆也好，或是電腦打字也好。總之，你必須用思考的方式訓練自己把過程寫下來，這種「寫下來」的方式有個好處，可以訓練熟悉使用經濟學工具，久而久之，你也可以講出一番道理。

這種寫作訓練很像是在大學和研究所裡寫報告和論文一樣，著重的是整個分析與推理的過程，但差異在學校時是爲了交差了事，現在是爲了訓練邏輯分析而已。

最後，試著把你的分析講出來，講出一個故事來，用白話講出來，講給你的周遭朋友聽，你就會發現你講得比大學教授還精彩，於是乎你會覺得經濟學還是可以趣味橫生。

我再告訴你一個事實，我就是這樣念經濟學的。

注　釋

怡克納米斯的出現

【1】語出Steven D. Levitt & Stephen J. Dubner所合著的*Freakonomics: A Rouge Economist Explorers the Hidden Side of Everything.*（中譯：《蘋果橘子經濟學》）中的林明仁先生所寫的〈代序〉，另一個作者Stephen J. Dubner認爲Steven D. Levitt是他從事記者多年以來，第一個不說「火星話」的經濟學家。

對經濟學的誤解

【1】M_{1A}是臺灣常用的貨幣供給額統計，另外尚有M_{1B}、M_2等常見的貨幣供給額統計。而根據定義，M_{1A}＝通貨淨額＋支票存款＋活期存款，這三種通貨都是流動性高且極富交易媒介價值的。

【2】所謂「彈性」指的是當價格變動一單位時，數量變動的程度。而「弧彈性」指的是

供需線上一段距離的彈性。

【3】「點彈性」指的是當價格微量變化時，對數量所產生的變化程度。

第一篇

【1】所謂的「供給」，指的是商品價格和供給量之間的關係，而供給量指的是在其他條件不變的假設前提之下，在某個價格上，生產者願意而且能夠提供的生產量。

【2】所謂的「需求」，指的是商品價格和需求量之間的關係，而需求量指的是在其他條件不變的假設前提之下，在某個價格上，消費者願意而且能夠購買的商品數量。

第二篇

【1】所謂的「大宗物資」，指的是像黃豆、小麥、大麥、玉米、油菜籽、高粱、黃豆粉、黃豆等物資，由於大部分的物資在臺灣農業本身並不生產，單純只能靠進口供應民生所需，主要的進口大宗物資項目爲黃豆、小麥與玉米，而大宗物資的首要任務是在供應國內民生所需之一般食用的麵粉、食用油及禽畜的飼料，故大宗物資對民生影響甚鉅。

【2】經濟學認爲，資源的運用是有限的，資源不是用在那裡，就是用在這裡。在有限的選擇中，一個人所放棄的最有價值的選擇，就是「機會成本」。

博雅文庫 149

巷子口經濟學

作　　者　鍾文榮
發 行 人　楊榮川
總 經 理　楊士清
總 編 輯　楊秀麗
主　　編　侯家嵐
責任編輯　侯家嵐
文字校對　石曉蓉
封面設計　盧盈良、姚孝慈
內文插畫　吳靜芳
出 版 者　五南圖書出版股份有限公司
地　　址　106台北市大安區和平東路二段339號4樓
電　　話　(02)2705-5066
傳　　真　(02)2706-6100
劃撥帳號　01068953
戶　　名　五南圖書出版股份有限公司
網　　址　https://wunan@wunan.com.tw
電子郵件　wunan@wunan.com.tw
法律顧問　林勝安律師
出版日期　2008年 2 月初版一刷
2012年 1 月初版九刷
2012年 7 月二版一刷
2014年 7 月二版二刷
2016年 1 月三版一刷
2016年 3 月三版二刷
2019年 9 月四版一刷
2023年 12 月五版一刷
定　　價　新臺幣420元

國家圖書館出版品預行編目資料

巷子口經濟學／鍾文榮著. -- 五版. -- 臺北市：五南圖書出版股份有限公司, 2023.12
面；　公分
ISBN 978-626-366-769-3(平裝)

1.CST: 經濟學 2.CST: 通俗作品

550　　112018852